LION

LEO

Michèle Curcio

Les Signes du Zodiaque

Le Lion

Seghers
Sand

Frontispice :
Liber Astrologiae. *Manuscrit latin du XIVe siècle.*

ISBN 2-7107.0103.0

SOMMAIRE

Première partie

Deuxième partie

Troisième partie

Première partie

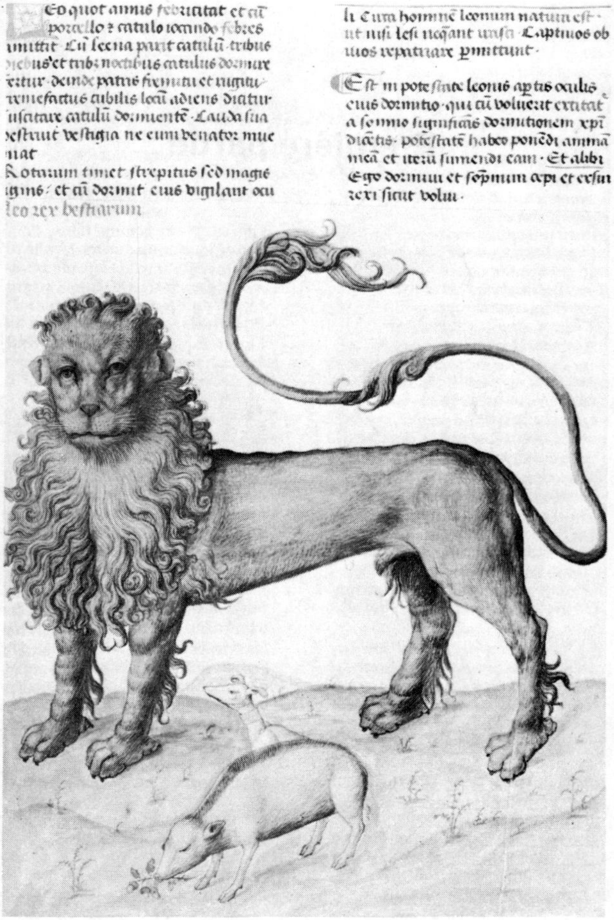

Le lion. Miniature extraite du Liber floridus *de Lambert, XVe siècle (musée Condé, Chantilly).*

Chapitre I
La constellation du Lion

« Je est un autre. »
RIMBAUD.

Quand vous dites : je suis né sous le signe du Lion, cela signifie qu'au jour et à l'heure de votre naissance, le Soleil occupait une position zodiacale entre le premier degré et le dernier degré de votre signe, autrement dit : vous êtes né entre le 23 juillet et le 22 août.

Cependant, pour l'astrologue, c'est une donnée insuffisante pour vous définir avec précision. Le Soleil en effet, n'est pas le seul astre auquel il se réfère pour se faire une opinion sur vous-même et sur ce qui vous attend dans la vie. Autour du Soleil gravitent des planètes, Lune (en Astrologie, la Lune, appelée comme le Soleil un Luminaire, est assimilée à une planète parce qu'elle a sur nous une grande influence), Mercure, Vénus, Mars, Jupiter, Saturne, Uranus, Neptune et Pluton.

Si le Soleil est seul dans le signe du Lion, le sujet n'en possédera pas beaucoup de traits et sera peu marqué par le signe.

Les astrologues sont d'accord pour constater que la ressemblance devient affective, flagrante même, quand une ou plusieurs planètes se trouvent en compagnie du Soleil dans le signe zodiacal ; c'est fréquemment le cas pour Vénus et Mercure, qui s'écartent faiblement du Soleil.

Les astres, cependant, ne sont pas les seuls

responsables de la certitude du type zodiacal. En vingt-quatre heures, le mouvement de rotation de la Terre sur elle-même met successivement en valeur les douze signes. Chaque jour, pendant deux heures, chacun des signes du Zodiaque passe au-dessus du lieu de naissance du sujet.

Il est dans le ciel un point privilégié : celui où se lève le Soleil, au moment où son premier rayon perce la nuit, au-dessus de l'horizon. Le signe zodiacal qui se trouve en ce point au moment de la naissance du sujet est son signe ascendant, ou plus brièvement son ascendant. Il a sur le sujet une profonde influence et peut modifier sensiblement ses caractéristiques.

Mais est-il vrai que chaque signe du Zodiaque donne à ses natifs des caractéristiques particulières ?

On est heureux d'avoir sur ce fait l'éclatante confirmation donnée par le Congrès des astrologues qui s'est tenu à Paris en 1952.

Trois cents astrologues réunis à Paris

C'était le VIIe congrès international de l'Astrologie.

Il rassembla trois cents congressistes venus de quatorze pays.

Ces spécialistes de l'étude de la carte du ciel s'étaient réunis pour confronter leurs travaux et, selon la formule de l'un d'eux, « étudier avec attention, sinon adopter, les théories de leurs éminents confrères ».

La France, l'Allemagne, l'Argentine, l'Autriche, la Belgique, le Brésil, l'Espagne, les États-Unis, les Pays-Bas, l'Italie, l'Inde, la Suède et la Suisse étaient représentés.

C'est au cours d'une des séances que M. Barbault et M. Knabe, respectivement vice-président et secrétaire général du Centre international d'Astrologie, ont fait le point de leurs travaux et ont souligné l'aurore d'une heureuse collaboration entre la médecine et l'Astrologie.

Mais quelle sorte de collaboration pouvait être établie entre deux disciplines si différentes, l'une étant à caractère conjectural, l'autre plutôt scientifique ?

Le professeur Urban, directeur du Centre psychiatrique de l'université d'Innsbruck, a déclaré que les renseignements fournis par l'Astrologie sur ses malades concordent toujours avec les symptômes cliniques et que souvent l'Astrologie réussit à compléter heureusement les données de l'observation médicale.

D'autre part, abondant dans le même sens, M. Marcel Martiny, professeur à l'École d'anthropologie de Paris, a fait une communication très remarquée sur la concordance entre les types humains tels que la biologie permet de les connaître aujourd'hui et les types planétaires de l'Astrologie traditionnelle. Cet homme de haute taille, au parler sec, à l'œil impérieux, est l'auteur d'une théorie sur la biotypologie ; il avait alors un assistant qui, à ses moments perdus, s'intéressait à l'Astrologie. Ce collaborateur lui dit un jour :

– Savez vous, monsieur le professeur, que vos travaux touchent de très près à l'Astrologie ?

– Impossible ! avait répondu le professeur Martiny.

Mais qu'est-ce que la biotypologie ?

Ce terme savant exprime l'idée que les êtres humains ont, dès l'embryon, des caractéristiques permettant de les classer en un nombre limité de types physiques.

Huit types biologiques

Cette théorie n'est pas une hypothèse, c'est la conclusion de travaux très complexes et d'efforts qui ont duré plusieurs années.

Sur quoi s'appuie-t-elle ? Sur ce que la science moderne a de plus rationnel et de plus éloigné de toute science occulte, comme de tout art divinatoire. Aucun secret. Aucun mystère. Tout est démontré.

M. Martiny a défini huit types biologiques. Ces types correspondent aux huit types fondamentaux que l'Astrologie a définis selon la tradition en se fondant sur les planètes. Coïncidence ? Certes non, disent les astrologues ; si notre science a été longtemps considérée comme appartenant à l'occultisme et aux arts divinatoires, elle est en fait une science exacte qui fait chaque jour davantage ses preuves. Les congressistes ont salué la communication de l'anthropologiste comme un important événement dans l'histoire des sciences humaines. En effet, si la science moderne retrouve par ses voies propres les fondements mêmes de l'Astrologie, tellement ancienne qu'on en ignore l'exacte origine, c'est que la tradition est bonne et que l'opposition entre la tradition et la science, en cette matière, est une création artificielle.

Cela semble indiquer tout simplement que l'Astrologie est une science.

On peut aujourd'hui se demander si cette communication a été exploitée ou si elle a été étouffée. Au cours du congrès on prédisait déjà que, dès le lendemain, un médecin pourrait dire à son client :

– Vous êtes un « entoblastique » et vous êtes sous l'influence de la Lune. Votre femme, elle, est plutôt « ectoblastique » et c'est Saturne qui la dirige. Avant de vous établir un traitement, je vais donc établir votre horoscope...

Il ne semble pas que messieurs les médecins soient disposés à aller aussi loin.

Cela se passait en 1952, à Paris...

Mais M. le professeur Martiny est tenu à la plus grande discrétion sur les relations qu'il entretient avec la médecine officielle française ; elle est, comme on le sait, très chatouilleuse sur ce sujet et jalouse de ses privilèges. On ne peut lui donner tout à fait tort.

Physiognomonie, *de Lebrun. Étude des rapports entre la physionomie humaine et animale, XVIIe siècle.*

Astrophysiciens et symbolistes

Ne quittons pas encore ce Congrès. Il nous faut faire une digression sur un débat qui a eu un certain retentissement.

Les « astrophysiciens », armés des dernières découvertes de la science, voient dans l'Astrologie un art empirique traditionnel qui serait à la science de demain ce que l'alchimie fut à la chimie.

Selon eux, les vibrations, les ondes, les radiations venues des corps célestes exercent sur la Terre et sur chacun de nous une influence physique encore mal connue, mais indéniable. Ils déterminent, le plus souvent à notre insu, notre destin individuel et collectif. Ces scientifiques sont soutenus et leurs théories amplifiées par l'étude faite en 1938 par M. E. Huntington et publiée sous le titre *Season of Birth.* Ce savant a remarqué, en effet, qu'il existe certaines analogies entre les personnalités de certains hommes et leur date de naissance. De même Kessel, en 1929, notait : « Les capacités des gens varient avec leur date de naissance. » Scientifiquement, on venait de démontrer que la date de la naissance influe sur la psychologie du sujet; dans l'étude de Huntington, c'est sur la valeur intellectuelle du sujet et sur sa santé que se fait sentir cet effet. Chez Gauquelin, qui a dressé ses propres statistiques, ce sont les planètes qui influent sur l'orientation de la carrière du sujet, selon un nombre limité de possibilités. Il y a là des éléments de certitude qui peuvent servir de base d'argumentation au cours d'une éventuelle discussion sur la validité de l'interprétation de votre signe.

Mais les symbolistes opposent à leurs confrères une autre théorie. Comme eux, ils pensent que l'Univers est un tout depuis les temps les plus reculés, que la mécanique céleste n'est pas, vis-à-vis de notre destin, une simple cause, mais un rouage immense intimement lié à notre existence parce que rouage et existence font

ensemble partie du tout universel. Selon eux, le ciel n'est qu'un gigantesque agrandissement de notre modeste mécanisme individuel. Quand la planète Jupiter, par exemple, est ici ou là, dans le ciel, elle n'influe pas sur telle personne ou telle autre; elle marque seulement l'existence d'un certain état de choses qui a sa correspondance en vous, en telle et telle personnes définies, au titre de parties d'un tout.

Il y a entre ces deux exposés divergents un abîme.

Quant à nous, nous préférons nous rallier à la tradition symboliste la plus classique et nous attendrons, pour modifier notre point de vue, des découvertes nettement plus précises et largement démontrées. La tradition, pour l'heure, nous satisfait.

Cette digression documentaire terminée, revenons à nos type zodiacaux et à leur ascendant.

Le signe du Lion et l'été

On appelle signe solaire le signe zodiacal dans lequel se levait le Soleil à la date où le sujet est venu au monde. On appelle signe ascendant le signe qui se lève à l'horizon au moment de la naissance. Ce point varie de deux en deux heures; aussi faut-il connaître l'heure de la naissance et les coordonnées du lieu pour définir le signe ascendant, tandis que, pour le signe solaire, la date suffit.

Si le sujet est né à l'heure où le Soleil se lève, son signe ascendant se confond avec son signe solaire; son type sera nettement marqué et conforme au type théorique dont on donne habituellement la description et que nous dépeindrons en détail dans la deuxième partie de ce livre.

On me pose souvent cette question : Devons-nous admettre que le caractère propre au signe solaire puisse se rencontrer chez un sujet né sous un autre signe, et, inversement, qu'un sujet né sous un autre signe que le Lion, par exemple, ait le caractère d'un natif du Lion ?

Cela semble impossible et inadmissible et cependant nous devons l'accepter : les éléments qui interviennent dans la formation d'une personnalité sont fort nombreux et les astres ne nous imposent jamais rien ; ils donnent des tendances, des inclinations, jamais des ordres.

Tous les « natifs » d'un signe ne correspondent donc pas au portrait théorique qu'on en fait, il ne serait pas possible que toutes les personnes nées à la même date aient le même caractère et le même physique ; des nuances viennent les unes après les autres parachever les grandes lignes d'un type défini qui, lui, existe en chacun des natifs d'un même signe.

Ces nuances, ces modifications, d'ailleurs plus apparentes que profondes, sont dues à plusieurs sortes d'influences qui agissent sur le nouveau-né puis sur l'enfant. D'abord celle des planètes qui, selon leurs positions réciproques ou même par leur absence, créent des conditions à peu près uniques pour chaque individu. Puis celle du signe ascendant. D'autres éléments interviennent également : par exemple, l'hérédité, qui n'est pas un vain mot, car les enfants ressemblent généralement à leurs parents, encore plus généralement à leurs grands-parents; les conditions de vie, car un enfant de parents nordiques peut naître, par suite des conditions de vie familiale, en pleine zone équatoriale, l'attitude et l'autorité de l'entourage immédiat du nouveau-né, élevé selon des méthodes collectives dans une crèche avec plusieurs autres enfants, ou seul, à l'écart, dans les bras d'une mère attentive et tendre ; ou encore élevé par ses grands-parents, ce qui implique d'autres habitudes, d'autres gestes, d'autres réactions. Le niveau de vie de la famille, son niveau de culture, le fait d'être enfant unique ou non, tout cela intervient et, avec d'autres circonstances diverses que nous ne pouvons même pas tenter d'énumérer ici, apporte des modifications au type théorique du natif du signe.

Selon le signe solaire, le sujet sera plus ou moins influençable. Un natif du Cancer, de la Vierge, des Poissons sera probablement plus sensible aux influences affectives qu'un sujet né sous le signe du Bélier, du Taureau ou du Scorpion.

Cependant, cet état de choses n'est apparent que si l'on étudie des cas isolés ou en petit nombre. L'ordre se rétablit et les types zodiacaux se retrouvent tels que la théorie les dépeint si l'on considère un groupe nombreux. Une observation faite sur un groupe de personnes nées à la même période de l'année montre qu'il existe des points communs entre ces individus, des ressemblances.

Cette remarque devient de plus en plus probante au fur et à mesure qu'augmente le nombre d'individus observés. Ce qui démontrerait, s'il en était encore besoin, le bien-fondé de cette théorie.

Selon les Anciens, fondateurs de l'Astrologie, ceux qui dans le ciel très pur de la Chaldée ou de Sumer avaient observé les dispositions des astres, les dessins qu'ils formaient et les périodes de l'année où le Soleil se levait devant une de ces constellations, on avait donné à ces groupes d'étoiles des noms symboliques. La constellation dans laquelle le Soleil se levait alors entre le 23 juillet et le 22 août avait été appelée constellation du Lion. Depuis, on donne toujours le nom de « signe du Lion » à la période se plaçant entre ces deux dates, parce que les personnes nées au cours de ces trente jours ont toutes un caractère analogue, dont les grandes lignes ont inspiré la dénomination du signe.

Donc, que cette constellation du Lion soit encore, dans la carte du ciel, située à l'époque que nous avons dite, ou qu'elle se soit déplacée au cours des millénaires, on conserve le même titre à la période allant du 23 juillet au 22 août.

La constellation du Lion

Il s'agit d'une configuration d'étoiles sur le fond du ciel nocturne, qui, aux yeux des premiers observateurs, parurent groupées et rapprochées les unes des autres, comme dessinées sur la face interne d'une sphère bleu nuit entourant la Terre qui en serait le centre. En fait, ces astres peuvent se trouver très éloignés les uns des autres en profondeur, c'est-à-dire séparés de l'observateur placé sur Terre par des distances immenses et à peine concevables, mais formant entre elles des angles si étroits qu'elles paraissent rapprochées. Leur projection à la surface de la sphère céleste forme un certain dessin, qui n'est qu'une apparence, mais qui ne se modifie pas, et auquel on a donné le nom de Lion.

Aujourd'hui, l'astrologue sait très bien qu'il s'agit d'une dénomination arbitraire. Elle désigne une hypothèse théorique, une base de travail, un postulat, et il n'y a point dans le ciel la représentation d'un Lion. Toutefois, ces archétypes sont si profondément fixés en nous qu'ils sont devenus significatifs.

La date où le Soleil est dans le Lion tombe au cœur de l'été. Dans notre hémisphère, la végétation est à son point culminant. C'est l'âge de la magnificence, de la profusion, de la maturité : un sommet après lequel, fatalement, il y aura une décroissance.

C'est par allusion au luxe, à la richesse, de cette saison qu'on a choisi le nom de celui qu'on appelle le roi des animaux ; non qu'il exerce sur eux une suprématie, il reste à son rang, comme chacune des créatures libres de la nature ; mais, au repos, au calme, il affecte, par son port de tête, par son regard fixe et droit, un air de royauté qui frappe et qui impressionne les êtres humains. Sa dignité, sa beauté, sa grandeur, l'élégance de sa crinière sont autant d'éléments royaux qu'on lui reconnaît. On a pris l'habitude de considérer dans le Lion sa noblesse d'allure avant sa félinité ; on

Lion. Lyon, 1575.

l'a orné de qualités supposées, plus imaginaires que réelles car, en fait, le Lion ne semble nullement avoir conscience de produire un quelconque effet sur nous.

Cet animal est un symbole héraldique : il figure sur les armoiries et les monuments quand on veut exprimer la grandeur, la puissance, la noblesse : « Vous êtes mon lion superbe et généreux ! » s'exclame Doña Sol en tombant dans les bras d'Hernani, le héros du drame de Victor Hugo.

Avec le signe du Lion, nous sommes dans le cinquième signe du Zodiaque. Le sixième signe marquera une mi-temps. Jusqu'au dernier jour du signe du Lion, il y aura un mouvement universel ascensionnel ; puis le signe de la Balance marquera un équilibre bref, trente jours, suivi d'une descente vers le versant sombre de l'année : car les saisons croissent puis décroissent en chaleur, en lumière, en végétation, selon un cycle complet ininterrompu.

Les personnes qui naissent à cette époque de l'année portent la marque de cette ascension, de cette approche du sommet, de ce triomphe des forces de la nature ; elles ont volontiers ce port de tête caractéristique du lion. C'est qu'elles sentent confusément qu'elles appartiennent à ce stade naturel où la grandeur est accomplie, où la force est certaine, ces personnes sont sûres de leur pouvoir, elles sont donc tranquilles. Elles ont la tête haute car celui dont on connaît la force n'a pas besoin de se courber.

On a représenté le lion de diverses manières et l'effigie du « roi des animaux » orne de nombreux monuments très anciens demeurés des modèles d'art et d'architecture. Ainsi, à commencer par la porte des Lions, à Mycènes (Grèce), en passant par les lions à la crinière bouclée de Trojir (Yougoslavie), on trouve encore aujourd'hui des monuments plus ou moins beaux où le lion reste le symbole de la force qui n'a pas été vaincue : le Lion de Belfort, par exemple (France).

Comme tous les signes du Zodiaque, le Lion est

représenté non seulement par une image, variant avec le style de son auteur, mais aussi par un signe hiéroglyphique assez curieux. On dit qu'il représente la queue sinueuse de l'animal. En fait, c'est un petit cercle surmonté d'une grande courbe où l'on peut lire un grand nombre d'intentions. Reconnaissons qu'elles ne sont pas clairement exprimées.

Chacun des signes du Zodiaque possède son mythe, sa légende, son symbolisme, son histoire. Cet héritage ajoute, à la valeur réelle née de l'observation du cycle annuel, un sens plus profond au symbole de chaque signe du Zodiaque. Cette signification, admise et entretenue depuis des millénaires, est devenue partie intégrante de notre civilisation et constitue un des archétypes du monde occidental.

On appel « archétype » un symbole qui est tellement ancré dans notre culture que chacun de nous est instinctivement familiarisé avec lui, avec sa signification, et n'hésite jamais à l'accepter tel qu'il lui parvient, transmis par la tradition.

Apparition du « je » indépendant

Si nous cherchons à établir un parallèle entre la naissance d'un être humain, sa croissance, sa vie et le cycle zodiacal, nous pourrons comprendre une partie du sens symbolique du signe du Lion.

Nous sommes en présence du cinquième signe du Zodiaque.

Les précédents ont été :

Le Bélier, du 21 mars au 20 avril ;

Le Taureau, du 21 avril au 20 mai ;

Les Gémeaux, du 21 mai au 21 juin ;

Le Cancer, du 22 juin au 22 juillet.

On a souvent émis une thèse qui n'est pas universellement répandue mais qui ne manque pas d'intérêt.

Le Bélier, premier signe du Zodiaque, est à l'origine

de la vie. Il est donc le spermatozoïde qui porte la vie et qui en a l'initiative. Il est masculin, actif, dynamique. Il est l'élan annonciateur de la vie, le précurseur, l'initiateur, la flamme créatrice, l'origine, le commencement.

Puis vient le Taureau. Il est féminin, passif, réceptif, et de psychologie secondaire face à la psychologie primaire du Bélier. Une psychologie primaire définit non pas une valeur mais un style : on qualifie ainsi un individu qui répond à toute perception sensorielle par une réaction immédiate. C'est l'impulsion irréfléchie, la vie rapide, la force qui s'exprime dans l'instant. Ce sont des esprits sensibles au présent et de peu de mémoire.

La psychologie secondaire est celle d'une personne qui reçoit chaque impression sensorielle avec réflexion, l'analyse, la mémorise et agit ensuite. Elle sélectionne les impressions et fait une classification de celles-ci. Une telle personne ne réagit pas instantanément.

Le Taureau, face au Bélier qui est le spermatozoïde, est l'ovule.

Pour respecter l'alternance masculin-féminin, le Gémeaux est masculin. Il représente l'union du Bélier-spermatozoïde et du Taureau-ovule. Union, car le signe des Gémeaux est double, comme l'indique son pluriel. Deux éléments sont en présence. Généralement, on observe une double personnalité chez le natif des Gémeaux dont l'une reçoit et l'autre donne. Dans ce parallèle avec la vie, le Gémeaux reçoit le germe de vie et l'organise afin de permettre le déroulement ultérieur.

Et puis nous avons le signe du Cancer dont le dessin schématique représente une enceinte close comme un œuf dans laquelle se trouvent deux éléments en présence, nécessaires à la naissance de la vie : germination ou gestation.

On dit que le signe du Cancer représente la gestation. Ce signe donne d'ailleurs à ses natifs un caractère très attaché au foyer natal et à la mère; théoriquement et pour suivre notre métaphore, pendant la durée prévue pour le signe du Cancer l'individu naît et reste uni à la mère par le cordon ombilical : l'amour du foyer colore tous les traits des natifs de ce signe.

C'est au moment où surgit le signe du Lion que, dans cette suite des symboles, se produit un détachement de la mère, ou de la matrice où l'individu a pris forme. Il devient un être distinct. Il prend ses propres responsabilités, existe par lui-même et pour ce qu'il décidera d'être. Il est complet, libre et indépendant.

Jusque-là, il y avait toi, moi, lui et eux.

Maintenant, il y a cet être nouveau : je.

Le Bélier avait annoncé cet être ; le Taureau en avait reçu l'annonce ; les Gémeaux avaient uni le germe et son réceptacle. Le Cancer avait formé la nouvelle créature en son sein. Avec le Lion, la nouvelle créature est enfin créée. Il existe un être de plus dans cet Univers. Et c'est le « je ». Ce n'est ni le mâle qui l'a suscité, ni la femelle qui l'a formé, ni le Cancer qui l'a nourri, ni le Gémeaux qui l'a annoncé mais une créature, seule et libre. Quand elle dit « je », elle crie son existence. Et comme elle est distincte de ceux qui l'ont fait venir au monde, elle est quelqu'un d'autre. C'est l'explication du symbolisme du signe et c'est aussi le commentaire de notre épigraphe : je est un autre.

L'homme est devenu un être social.

Le Feu

Chaque signe du Zodiaque est en rapport avec un des quatre éléments. Disons rapidement que, puisqu'il y a douze signes et quatre éléments, il y a trois signes qui ont le même élément. De ces trois signes, l'un représente cet élément à l'état naissant ; le second le montre à l'état d'influence maximale et le troisième à l'état d'apaisement.

Le Bélier est un signe de Feu ; le Taureau est un signe de Terre ; les Gémeaux sont un signe d'Air ; le Cancer est un signe d'Eau.

Avec le Lion recommence un nouveau cycle : Feu, Terre, Air, Eau.

Le premier cycle nous montre les éléments dans leur forme première, pure et originelle. C'est pour chaque élément un recommencement, une nouveauté, une renaissance, symbolisant l'origine de la création. A partir du cinquième signe, nous connaissons déjà l'élément Feu, nous le retrouvons : c'est un développement et un sommet. Le feu qui s'unit au signe du Lion est le feu triomphal, dominateur et tout-puissant, et nous l'assimilerons au feu que nous dispense le Soleil.

Ce second feu est installé, institué, existant, actif, présent, permanent. C'est la lumière simple, immobile, à son maximum d'intensité. Le feu associé au signe du Bélier est nouveau, inconnu, jeune, en train de se créer ; il était indifférencié, parce que c'était un principe simple et que seule l'application de ce principe pouvait le différencier.

Le feu associé au signe zodiacal du Lion est un feu connu ; il est utile ; il sert. C'est un feu différencié et personnalisé. Son rôle est bien défini et délimité dans le cycle naturel ; cette clarté sans ambiguïté lui a donné son nom : il est un feu fixe.

Il en est de même pour l'être humain. Quand il a fini sa croissance il choisit sa voie, il adopte un rôle déterminé au sein de la société et, pendant un certain nombre d'années, on peut dire qu'il ne change pas, qu'il est fixé.

Le feu naissant du Bélier portait le nom de feu cardinal. Il exprimait la puissance animale, la force vitale balbutiante, c'est-à-dire l'énergie future, celle qui donne la vie, vie qui sera efficace demain. C'était une activité chaotique. Le germe de vie était projeté avant même de savoir s'il tomberait en terrain fertile et quelle serait la qualité de la récolte. C'était donc une force impulsive, spontanée, aveugle, dont on ne pouvait pas savoir si elle serait bonne ou mauvaise.

Avec le Lion, on associe un feu que l'on peut qualifier car on sait ce qu'il est. Il est maîtrisé, donc mûr. Il a un rôle et un effet définis, il est fortement individualisé.

Il constitue une force consacrée non plus à la création, mais à l'exaltation et à l'expression méthodique et utile des puissances contenues dans l'individu. Et ce « je » nouvellement existant se reconnaît et se définit comme un autre.

C'est un feu qui donne au corps humain sa chaleur ; si l'on se demande de quelle partie du corps irradie le foyer qui chauffe ce corps, la réponse vient tout naturellement : le cœur.

Le Lion est associé au feu, il est associé au Soleil et il est associé au cœur.

C'est sur le cœur de l'Homme-Zodiaque, en effet, que l'on place le Lion.

L'Homme-Zodiaque

Dans les diverses variations accomplies au cours des siècles et les développements d'une Astrologie raisonnante et raisonnée, on a assimilé chacun des signes du Zodiaque à une partie du corps humain.

Par l'intermédiaire de telles analogies, l'Astrologie s'est, dans une certaine mesure, mise au service de la médecine. Disons que cette dernière pourrait s'en servir et l'utiliser. Mais, si elle le fait, ce n'est pas d'une manière officielle, cela demeure un choix personnel pour chaque praticien. Certains y ont recours, mais ils ne le disent pas car, en notre siècle de modernisme, de science et de progrès, les tabous restent encore très puissants : certaines choses ne sont pas bonnes à dire.

L'Astrologie et l'Homme-Zodiaque ont été utilisés par Hippocrate, mais c'est une histoire très ancienne.

Aujourd'hui, sans aller jusqu'à demander la remise en vigueur de tels principes, on peut quand même prendre en considération le symbolisme de l'Homme-Zodiaque pour prévenir chez chaque sujet les maux auxquels il est le plus sensible et qui sont indiqués par sa date de naissance.

On a, en effet, remarqué que chacun des douze signes du Zodiaque correspondait à une partie du corps.

Au Bélier correspondent la tête, son ossature et ses organes. Le Bélier est la pensée à l'état naissant, le désir d'action immédiate, le mouvement avant le raisonnement.

Le signe se rapporte à la tête et le feu qui est son élément représente l'étincelle de la pensée créatrice. Les natifs de ce signe doivent veiller à tous les maux qui peuvent les atteindre par la tête. Et aussi à tous les accidents qui peuvent provenir du manque de réflexion, donc encore de la tête.

Au Taureau correspondent le cou, le larynx, la langue, la thyroïde, le cervelet, les cordes vocales, le sens du goût et celui de l'ouïe, la parole et l'appétit.

Le Taureau, c'est la pensée exprimée et entendue, la présence concrète de la nourriture. C'est un signe de Terre, donc une créature réaliste, efficace, réfléchie.

Aux Gémeaux correspondent les membres supérieurs, les épaules et aussi les bronches, l'appareil respiratoire. Logiquement, c'est un signe d'Air.

Les Gémeaux diffusent la pensée exprimée, la font connaître et créent des liens et des communications entre les différents êtres vivants. Ils correspondent à l'air léger des premiers âges, au premier souffle de l'enfant qui vient au monde, à ses premières communications avec l'Univers qui l'entoure.

Au Cancer correspondent les poumons et, chez la mère, les seins qui nourrissent l'enfant, mais aussi l'estomac, la plèvre, le pylore, la matrice, les glandes internes.

Le Cancer est le signe de la conception, il est étroitement lié à la mère et ce n'est pas l'amour maternel, mais l'amour filial. Il reste volontiers dépendant de la mère et il ne se connaît pas de refuge plus sûr que le foyer natal.

C'est un signe d'Eau, l'eau mère, celle sans laquelle la vie n'aurait pu se manifester, là où sont nés les premiers êtres vivants, minuscules animaux unicellulaires ; c'est également l'eau naissante, celle qui jaillit de la source ou qui nous vient du ciel quand tombe la pluie.

Au Lion, dans l'Homme-Zodiaque, on fait correspondre essentiellement le cœur, mais aussi la moelle épinière, le bulbe, l'ensemble des os et des muscles dorsaux.

Le Lion demande à l'homme de se tenir très droit ; grâce à sa chaleur de feu fixe, il sait garder sa vitalité à travers les séries d'épreuves qu'il est appelé à traverser.

A la Vierge correspondent les intestins, l'appareil digestif en général et la fonction de digestion. Le signe influe sur l'ensemble des organes de la nutrition et le natif ne peut pas toujours diriger ces fonctions, car elles sont végétatives, il leur est donc soumis et c'est une des caractéristiques de ce signe. La Vierge est le second signe de Terre et elle récolte ce que le Taureau a planté. Les natifs de ce signe sont généralement économes, même de leurs forces ; mais ils ont parfois des problèmes digestifs. C'est leur karma...

A la Balance correspondent les reins, avec l'appareil urinaire et les organes sexuels internes. Ce signe a une fonction d'épuration, d'extériorisation et de plénitude, car c'est un signe d'équilibre. Les glandes endocrines, souvent d'action mal comprise et mal réglée, sont importantes pour ces natifs qui doivent se faire examiner de temps à autre, même sans souffrir, car les organes gouvernés par le signe ne sont pas source d'événements douloureux, mais d'événements graves.

Au Scorpion correspondent le sexe externe et les cellules reproductrices, ainsi que les organes d'élimination. Dans la courbe de la vie, qui peut aussi trouver le symbole de ces âges le long du cercle zodiacal, le Scorpion rejette les scories de l'existence.

Aussi est-il susceptible de souffrir d'intoxication et se ressent-il des excès qui ont été commis par cet ensemble si étrange et tellement compliqué qui constitue un corps vivant.

Au Sagittaire correspondent les hanches et les cuisses, ainsi que le foie. Le natif du signe devra veiller au bon état de ses jambes dont son symbole lui accorde deux paires, ainsi qu'une paire de bras. C'est un personnage pour lequel le bon fonctionnement des organes de la marche est un élément essentiel de vie.

Au Capricorne, on fait correspondre les os, les articulations, les ligaments, mais d'abord les genoux et la peau. Il faut également tenir compte du métabolisme du calcium, qui est en rapport étroit avec le système osseux et articulaire.

Au Verseau correspondent les jambes et les chevilles, mais aussi le système circulatoire, et l'on sait que les troubles circulatoires ont leur principal retentissement sur les jambes.

Enfin, avec les Poissons, on se trouve devant un signe d'Eau ; les Poissons correspondent aux pieds mais aussi à tous les liquides que contient le corps.

Cet Homme-Zodiaque devrait pouvoir rendre de grands services dans la recherche de la connaissance complète d'un être. En déchiffrant toutes ses caractéristiques, on arriverait très vite à ses déficiences de santé les plus fréquentes, à ses points faibles. Il serait simple de lui prescrire un régime pour qu'il se porte bien.

A cet Homme-Zodiaque peut se superposer un Homme-planète car les planètes ont également leurs correspondances dans l'organisme humain. Ainsi le Soleil représente la fonction cardiaque; la Lune, les fonctions reproductives féminines et les fonctions d'assimilation; Mercure : le système nerveux central; Vénus, le drainage de l'organisme et la circulation veineuse; Mars, les réactions d'auto-défense et le système musculaire; Jupiter, le foie et le grand sympathique; Saturne, l'autoconservation; Uranus, les troubles nerveux; Neptune, enfin, les proliférations cellulaires anarchiques.

Pour un sujet donné, l'étude de l'aspect des planètes et des signes dans lesquels elles se trouvent peut conduire à faire des hypothèses sur les points faibles d'un organisme et même à localiser les maux dont souffre le sujet.

De telles précisions, si elles sont vérifiées ensuite par un examen médical dirigé, se seront révélées d'une extrême importance pour le traitement du patient.

De plus, les liens entre l'Astrologie et l'état de santé du sujet se révèlent d'un très grand intérêt dans la médecine psychosomatique. La vie moderne provoque chez le sujet des maux que l'on traite en vain car le sujet lui-même refuse de guérir, trouble psychique plus fréquent qu'on ne pense. Cette situation est difficilement décelable par de simples examens médicaux. Mais la vue d'ensemble que donne un horoscope complet et raisonné peut nous mettre sur la bonne voie. On constate alors que, pour des raisons connues ou inconnues, le sujet refuse de guérir et de reprendre une existence normale. Une anomalie dans le thème donne une première indication et l'astrologue avisé cherchera dans ce sens, afin de ne rien laisser dans l'ombre.

Parfois la découverte de ce point délicat suffit à mettre le sujet devant les méfaits de son inconscient et, ce faisant, lui fait accepter le traitement et la guérison.

On aimerait que la médecine, sans croire

aveuglément au thème astrologique, accepte de temps à autre son point de vue. Il peut devenir très efficace pour rendre la santé à de nombreux malades.

L'entêtement des scientifiques qui refusent absolument d'entendre parler de tradition et ne jurent que par les laboratoires risque de fermer à la médecine préventive des voies susceptibles de résultats remarquables.

Calendrier à l'usage du chapitre de sainte Aldegonde à Maubeuge, XIVe siècle.

Le Char du Soleil. *Tapisserie des Saisons, 1781 (musée des Offices, Florence).*

Chapitre II

Le signe du Lion et son mythe

La planète qui gouverne le signe du Lion est le Soleil. En réalité, le Soleil ne devrait pas être appelé une planète, mais il en est ainsi en Astrologie parce qu'il s'agit d'un corps céleste qui a une très grande influence sur le Terre, donc sur ses habitants, par suite de sa proximité.

Chez tous les peuples, le Soleil a été adoré comme une divinité. Il a symbolisé l'esprit, la lumière intérieure, l'élément étrangement particulier qui est dans l'homme et qui semble n'être qu'en lui : l'âme.

Pour l'Anquitité grecque, le Soleil, représenté par le jeune dieu Apollon, adoptait la forme d'un homme jeune, beau, puissant, brillant. On lui rendait un culte, mais il n'est pas certain que ce culte allât jusqu'à l'adoration religieuse.

Le Lion, c'est le Soleil

L'astre est si bien accordé au signe que tous deux semblent indissociables.

Le Lion, ce n'est pas le Soleil lui-même mais, par cette expression condensée, nous tentons de faire sentir à quel point est étroit le lien entre ce signe du Zodiaque et l'astre qui nous apporte la chaleur, la lumière et la vie.

Le Soleil – est-il besoin de le rappeler ? – conditionne toute vie sur terre.

C'est parce qu'elles sont exposées à son rayonnement que les plantes deviennent vertes par la mystérieuse autant qu'étonnante chimie naturelle appelée

« fonction chlorophyllienne ». Sa chaleur est à la source de toute manifestation de la vie organique.

Les saisons dépendent de la position respective de la Terre et du Soleil. La Terre s'éloigne-t-elle du Soleil ? La chaleur diminue et les conditions de la vie sont modifiées. Le Soleil a-t-il à sa surface des perturbations apparaissant dans nos appareils optiques comme des taches ? Il en résulte sur Terre des troubles qui en sont le fidèle écho : désordres divers, accidents en série, crises économiques, accroissement de la mortalité, agitations sociales, etc.

Pour faciliter l'expression de ce que représente le Soleil pour les natifs du Lion, faisons un parallèle avec la Lune. Soleil et Lune sont deux luminaires opposés dans une suite de termes binaires : le Soleil est diurne, la Lune nocturne; le Soleil masculin, la Lune féminine, le Soleil actif, la Lune passive, etc. Le Soleil symbolise donc non seulement toute la vie, toute activité, mais aussi l'élément mâle, positif, actif et, dans notre psychisme, le « sur-moi ».

Qu'est-ce que le sur-moi ?

C'est un élément de notre psychisme; il est latent, mais présent chez tout le monde. Il semble particulier à l'Homme qui agit selon des règles, des principes, des expériences, des influences particulières qui se transmettent de génération en génération, de père en fils.

Ainsi la morale, la religion, le sens des valeurs et des responsabilités, tout ce qui parle une langue supérieure.

Le sur-moi est le directeur intérieur de toutes nos tendances et de toutes nos pensées. C'est lui qui nous dirige dans le choix des renonciations utiles au progrès de la race humaine, aux valeurs sociales.

Ce même sur-moi est responsable, dans les cas de désordre psychique, de crises de conscience, de névroses et de psychoses. Ces prédispositions peuvent se lire à l'avance dans le ciel de naissance du sujet.

La Lune représente dans l'Homme quelque chose

de plus inné, de plus instinctif : la Nature; le Soleil représente alors la culture.

Quand la Lune représente la vie infantile, primitive, animale, le Soleil représente le sens social, les aspirations élevées, l'ambition quand elle est sublimée et tous les grands sentiments, les idéaux.

Par l'influence du Soleil, l'Homme ne s'accepte pas tel qu'il est; il tend à rejeter ses instincts animaux et à exalter tout ce qui est acquis dans la mesure où ces acquisitions constituent un progrès vers l'idéalisme.

On peut appeler cette force la conscience créatrice.

C'est tout ce qui résiste aux automatismes, aux suggestions, à l'émotivité.

L'être solarien pur devrait être tout en raisonnement, en consience claire et en ferme détermination. C'est un psychisme évolué. L'individu jouit consciemment de la plénitude de toutes ses facultés, il dispose de l'intégrité de ses forces, il s'assume et s'accomplit activement : l'Homme domine son destin et ne le subit pas.

C'est un modèle qui s'impose malgré lui à l'humanité tout entière.

Le Soleil symbolise donc le chevalier au cœur pur, l'homme qui a réussi sans aucune aide et sans commettre le mal, c'est aussi le guide, le propagateur d'un idéal, bref, le héros.

Le mythe solaire dans les diverses religions

Le grand spécialiste des religions, Mircea Eliade, auquel il faut souvent se référer, car ses ouvrages font loi, a remarqué que, contrairement à ce que l'on serait tenté de croire, le culte du Soleil considéré comme divinité n'a pas existé de tout temps ni sur toute la Terre. Il n'apparaît que dans un nombre limité de religions.

Eliade souligne : « Ce n'est guère qu'en Egypte, en

Asie et dans l'Europe archaïque que ce qu'on a appelé le culte du Soleil a joui d'une faveur pouvant devenir, à l'occasion, en Egypte, par exemple, une véritable prépondérance (*Traité d'histoire des religions*).

Après avoir comparé les régions ou se pratiquait le culte solaire et celles où il ne se pratiquait pas, Eliade constate que le culte du Soleil comme divinité unique ou première a été le propre des pays qui n'étaient pas stagnants ou sclérosés, en matière de civilisation, mais, au contraire, de ceux dans lesquels on sentait le mouvement de l'« Histoire en marche » (*ibid*).

Quand un peuple est primitif au point de ne pas encore connaître de notion abstraite, organisée, systématisée, il n'a pas de dieu solaire. Il prône un « Etre suprême », au-dessus de tout, source et auteur de tout, mais infiniment lointain, distant, invisible, souvent même indifférent.

Si l'on n'est pas satisfait de son sort, on veut pouvoir en rendre quelqu'un responsable. Si aucun homme n'est responsable de ce qui ne va pas, on se retourne vers l'Etre suprême, puisqu'il est l'auteur et la source de tout. Mais on ne pourrait pas lui demander de modifier sa création ni le sens de son action. Il est trop loin. Il faut qu'une autorité intermédiaire puisse lui porter de tels désirs. Et, en fait, les religions primitives qui admettaient un Etre suprême ne lui adressaient pas de prières.

Si une évolution se fait, s'il y a des progrès, alors la religion se complique et d'autres divinités s'interposent entre l'Etre suprême, trop lointain, et les humains, trop faibles. Ce sont des dieux et souvent un dieu solaire.

Ce dieu solaire apparaît, dans les temps archaïques, au fur et à mesure que les hommes se rendent compte du rôle du Soleil dans la vie biologique. Historiquement, un lien si apparent unit la civilisation aux dieux solaires que certains auteurs pensent que des êtres se nommant « Fils du Soleil » ont parcouru la Terre en propageant à la fois la civilisation et le culte du Soleil.

Akhénaton et Nefertiti adorant le Soleil. Égypte, XVIIIe dynastie (musée du Caire).

C'est une thèse qui exprime savamment la très simple théorie selon laquelle les rudiments de notre civilisation auraient été enseignés aux premiers hommes par des extra-terrestres.

De nombreuses peuplades africaines ont assimilé l'Etre suprême, auteur de tout, au Soleil. Parfois, on le proclame « Fils de l'Etre suprême ». La Lune est alors sa fille. Pour d'autres, le Soleil est, non pas un dieu, mais la demeure de l'Etre suprême.

Chez certains, le mot qui le désigne veut aussi dire « père », donc être suprême, créateur de tout.

Chez les Dschagga, qui vivent sur les flancs du Kilimandjaro, l'Etre suprême s'appelle Ruwa et ce même mot signifie également Soleil.

En Inde, plus précisément chez les Mundas du Bengale, le dieu principal est Sing-Bong, et c'est le Soleil qui porte ce nom. On dit qu'il est marié avec la Lune et qu'il est l'auteur de toute la création.

Quand le Soleil est un dieu, on lui sacrifie des boucs blancs et on lui offre du riz pour que les récoltes soient bonnes.

La particularité du Soleil, pour un peuple primitif, est de disparaître chaque soir et de reparaître chaque matin. Il meurt et il ressucite. C'est le propre des maîtres, des prophètes et des initiés. Seul celui qui a subi la mort et qui a pu revivre pour le dire est considéré comme au-dessus des hommes.

Le Soleil renaît chaque matin après être mort chaque soir : cette merveilleuse propriété l'a tout particulièrement désigné pour s'occuper des morts. Il existe tout un ensemble de croyances selon lesquelles les morts sont confiés au Soleil. Descendant chaque nuit au royaume des morts et capable d'en remonter chaque matin, il peut donc être chargé d'emmener les défunts avec lui, de les introduire au royaume des morts, de les présenter, en quelque sorte. Dans certaines îles de Polynésie, on appelle la côte occidentale la « Porte où sautent les âmes ».

Les traditions populaires

C'est à la suite des cultes adressés au Soleil que sont nées certaines traditions populaires où interviennent une roue, un char, un rouet qui représentent en fait le Soleil; d'abord parce que nos yeux voient le Soleil rond et entouré de rayons comme ceux d'une roue; et aussi parce que sa course apparente crée une association d'idées avec le voyage, donc la roue qui permet de se déplacer plus vite et plus loin.

Aux solstices, qui sont de grandes fêtes solaires, on fait, dans certaines régions du nord de l'Europe, dévaler des pentes à des roues enflammées.

Au Moyen Age se déroulaient des processions au cours desquelles on portait des roues.

Il existait une interdiction de se servir d'un rouet certains soirs, notamment au solstice d'hiver.

Que valent ces traditions et que nous apportent-elles concernant le signe du Lion ?

On suppose que ces traditions ont pour but de s'assurer la bienveillance du Soleil afin qu'il accepte de revenir le lendemain. Ou bien d'assurer au Soleil la possibilité de reprendre les forces qu'il semble perdre, non seulement chaque soir, mais de soir en soir en allant vers l'hiver.

Assimilé au feu intelligent, le Soleil finit par devenir dans le monde gréco-romain un principe cosmique. A partir de cette conception évoluée, le Soleil n'est plus une divinité, mais une idée, un concept.

Pour Platon, par exemple, le Soleil est l'image du Bien. Il demeurera désormais une notion abstraite et intellectuelle et l'on en trouve la preuve dans un traité de l'empereur Julien intitulé *le Soleil roi*.

D'autres récits mythologiques se rapportent au Soleil, astre qui gouverne le signe du Lion. Ils vont contribuer à nous éclairer sur la signification de ce signe.

Mais mon lecteur est impatient et sans doute préfère-t-il savoir tout de suite quel est le caractère des natifs du signe du Lion... Cette future partie de mon ouvrage sera beaucoup mieux comprise si l'on a pris connaissance de ce qui est exposé ici. Toutefois, on peut se reporter prématurément à la seconde partie pour connaître le natif du signe tel qu'en lui-même les diverses influences, les traditions et les archétypes l'ont formé, à la troisième partie pour connaître ses réactions et la ligne qu'il doit suivre par rapport aux tiers, au reste du monde, puis revenir ici pour parfaire une information qui serait autrement incomplète et superficielle.

Dans la mythologie grecque, le Soleil est personnifié par Appollon, le frère jumeau de Diane. Chaque matin, Apollon apparaît et crée un nouveau jour. Le soir, il se retire, laissant à sa sœur Diane le soin de régner sur la nuit. C'est pourquoi on appelle parfois le Soleil, en langage poétique, le « char d'Apollon », et c'est aussi pourquoi Diane est représentée avec un petit croissant de lune ornant ses cheveux au-dessus du front.

Apollon et Diane étaient nés de Latone, ayant pour père Jupiter. Mais Junon, jalouse d'apprendre que Jupiter avait donné des enfants à Latone, interdit à la Terre de l'accueillir. Latone se réfugia alors sur la mer et elle fut aidée par le frère de Jupiter, Neptune, qui régnait sur les mers et les océans. Il fit sortir de l'eau l'île de Délos pour que Latone puisse y mettre au monde ses deux enfants.

Un jour Apollon s'inquiéta de voir que les flèches de Cupidon, dieu de l'Amour, n'avaient pas toujours le même effet sur ceux qui en étaient frappés : tantôt elles provoquaient l'attirance, tantôt la répulsion. Ayant tenu à s'informer, il insista trop et Cupidon, fâché, le frappa d'une flèche provoquant l'amour, tandis qu'il lançait sur une nymphe d'une merveilleuse beauté, appelée Daphné, une flèche de répulsion. Apollon voulut déclarer son amour à Daphné, mais celle-ci s'enfuyait toujours à son approche.

S'étant réfugiée près de son père, Daphné lui demanda de la sauver de l'amour d'Apollon, même si elle devait perdre, pour cela, sa beauté. Son père, Pénée, la transforma alors en un bosquet de lauriers; c'est pourquoi, depuis lors, le laurier est consacré à Apollon.

La mythologie grecque fait également état d'un autre milieu solaire, Hélios.

Hélios appartient à la mythologie de la Grèce archaïque. En Crète, Hélios affecte la forme d'un Taureau et il devient l'époux de la Grande-Mère, c'est-à-dire de la Terre.

Mais Hélios n'est pas sans attaches avec le monde obscur de la sorcellerie, car il est le père de la magicienne Circé.

Le mythe du Lion

Dans le Zodiaque, le Lion, qui est un signe de Feu, est, tout comme le Bélier, signe de Feu également, un commencement.

Le Bélier inaugure l'année zodiacale, mais aussi le premier quaternaire du Zodiaque : ce quaternaire est constitué par la suite des premiers signes unis chacun à l'un des quatre éléments : le Bélier au Feu; le Taureau à la Terre; les Gémeaux à l'Air; et le Cancer à l'Eau.

Le Lion préside au second quaternaire du Zodiaque en étant lui aussi à la tête de quatre signes correspondant aux quatre éléments : le Lion uni au Feu; la Vierge,

à la Terre; la Balance à l'Air et le Scorpion, à l'Eau.

Dans le premier quaternaire, les éléments sont à l'état naissant; dans le second ce sont des éléments dits fixes, parce qu'ils sont à leur plénitude d'efficacité. Les quatre signes conduits par le Lion réunissent la saison où tout est atteint, où les projets sont accomplis. Il ne reste plus qu'à parachever le cycle avec les quatre derniers signes qui seront également unis aux quatre éléments dans le même ordre : le Sagittaire, signe de Feu; le Capricorne, signe de Terre; le Verseau, signe d'Air; et les Poissons, signe d'Eau.

Une profonde logique dirige le Zodiaque et, même si certains auteurs y décèlent des étrangetés, ils doivent savoir que son sens profond ne se limite pas à l'Astrologie, mais couvre l'ensemble des concepts humains et cosmiques. C'est ce qui en fait la beauté et la richesse.

Le Lion est donc au commencement, car le feu est un point de départ, un élan, un dynamisme. Il pourrait être considéré comme une des premières incarnations du Verbe (le Verbe créateur), comme le Soleil est à la source de la vie.

Le Lion est aussi, ne l'oublions pas, une constellation que l'on peut effectivement voir dans le ciel. Elle est formée de plusieurs étoiles, dont Regulus. Cette étoile a toujours été considérée comme particulièrement influente, bien que n'appartenant pas au système solaire. Les Anciens la tenaient en grand respect. Selon sa position dans le thème de nativité du sujet, le destin peut être différent. Si Régulus est bien aspecté, la vie du sujet ne comportera pas de grandes difficulté, il est destiné à cheminer, s'il le désire, vers la réussite, la grandeur, la gloire, les honneurs. Si Regulus est mal aspecté, une position élevée pourrait aussi être atteinte, mais elle serait provisoire. Regulus tempère l'influence triomphale du Lion. L'équité est ainsi respectée.

Sans cette puissante intervention, les natifs du Lion chemineraient tous avec certitude vers un avenir de gloire et de succès. Il n'en est rien, Regulus régit,

---

Apollon et Daphné, *par Antonio Pollaiuolo. École florentine, vers 1470 (National Gallery, Londres).*

règle, règne, rectifie, régularise et remet en place des éléments de chance et de fatalité qui rendent, pour les natifs du Lion, la conquête du succès et du bonheur aussi ardue que pour les natifs de tous les autres signes. Les Anciens le savaient bien, qui n'estimaient pas que le fait de naître sous le signe du Lion fût une certitude d'honneurs et de succès, mais pensaient que, pour atteindre ces possibilités, il fallait se battre. Pour acquérir la puissance et la gloire, il faut lutter contre son propre Lion.

Ainsi Hercule, pour accomplir l'un de ses douze travaux, devait triompher du lion de Némée.

Cet animal était un fauve féroce qui terrorisait la ville de Némée. Hercule-Héraclès, ayant été chargé de le détruire afin d'en débarrasser définitivement Némée, requit pour l'aider les services d'un simple mortel, appelé Molorchos, alors qu'il était, lui, un héros.

Molorchos était un paysan au service de Bacchus-Dionysos. Héraclès lui demanda de préparer un sacrifice et d'attendre. Lui-même irait à la rencontre du Lion de Némée; si, au bout de trente jours, il n'était pas revenu, c'est que le lion l'aurait vaincu. Etant un héros, une fois mort, il serait un dieu : Molorchos devrait alors lui adresser à lui, Héraclès, le sacrifice prévu. S'il revenait, il serait vainqueur et le sacrifice serait adressé, en remerciements, à Zeus.

Vint le jour du combat.

Dès qu'il voit la bète, Héraclès commence à la cribler de flèches, mais en vain : elles s'émoussent sur la peau de l'animal et elles retombent sans autre effet.

Quand il n'eut plus de flèches, Héraclès s'avança vers le fauve et le frappa de sa masse : la massue se brisa.

Dès cet instant, Héraclès n'a plus que ses mains nues pour combattre, et il n'y a pas d'autre alternative que vaincre ou périr.

Héraclès poursuit la bête, et le lion se réfugie dans

Hercule et le Lion de Némée. *Tapisserie mille-fleurs. XVIe siècle (musée des Arts décoratifs).*

sa caverne. Héraclès le suit dans cet antre. D'où l'expression : pénétrer dans l'antre du Lion.

Le combat commence alors corps à corps. Empoignant l'animal avec ses deux mains, Hercule sent qu'il ne peut vaincre cette force brutale. Il pose alors un genou sur le plexus du Lion et appuie, ce qui provoque l'étouffement de la bête, qui meurt. Héraclès le dépouille de sa peau et s'en revêt. C'est portant de brefs vêtements en peau qu'il est habituellement représenté. Il est difficile d'interpréter ce mythe, car il n'y a pas, dans la mythologie grecque, une suite de récits pour les petits enfants ou pour les peuples naïfs, mais des symboles qui constituent un code de conduite et un exposé de la condition humaine.

Interprétation du mythe du Lion

Premier élément : il fallait qu'Héraclès tue le lion de Némée, non seulement pour délivrer la ville, mais aussi parce que la peau de cet animal, portée comme vêtement, rendait invincible.

Deuxième élément : en partant pour son combat, Héraclès prévoit que son absence durera un mois : le temps d'un des signes du Zodiaque.

Troisième élément : Héraclès combat avec les mêmes méthodes que le commun des mortels et n'use que de moyens naturels; les natifs du Lion n'ont aucune faveur à attendre de la chance.

C'est grâce à ses capacités physiques qui sont ses bras, ses jambes, l'ensemble de son corps; à ses capacités intellectuelles, c'est-à-dire sa ruse, et ses capacités morales, c'est-à-dire son courage, que Héraclès vaincra; il montre ainsi la voie à tous ceux qui veulent devenir des vainqueurs : les moyens humains suffisent pour y parvenir.

En revêtant la peau du lion de Némée, il devient invincible : il montre ainsi la valeur d'une victoire :

Le dieu Serapis. Gravure d'après l'antique.

SERAPIS SOLEIL

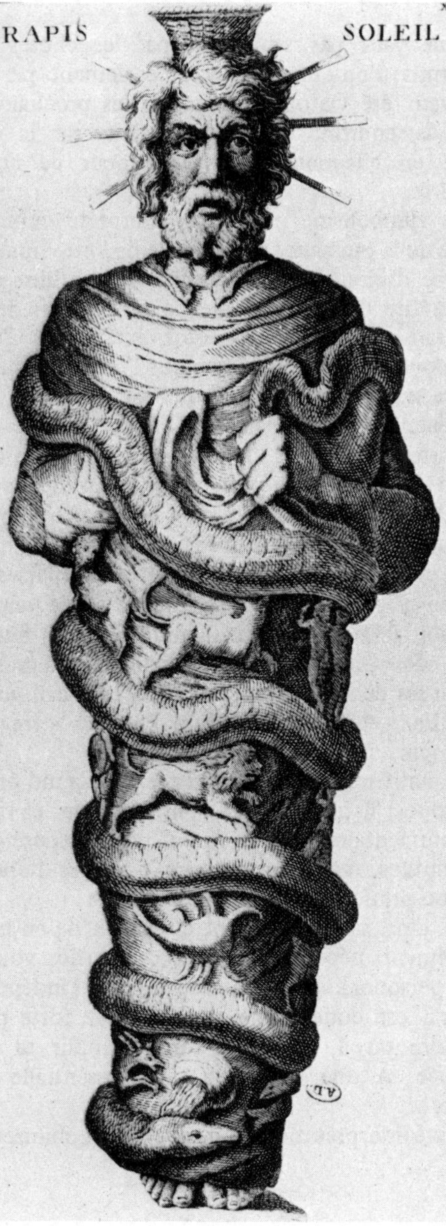

elle ne vaut pas seulement par les choses qu'elle a permis d'obtenir. Elle vaut également par le fait qu'ayant été victorieux une fois les prochains combats deviendront moins dangereux, car la victoire porte en elle-même une force pour de nouvelles victoires.

Le symbolisme peut être interprété comme une image de la puissance personnelle de l'être humain qui dispose toujours de l'intégralité de son libre arbitre, c'est-à-dire de la possibilité de prendre ses décisions seul sans influence ni pression extérieure. C'est par des moyens pris en lui-même que l'homme peut lutter contre ses instincts mauvais ou bestiaux.

Héraclès pouvait choisir : devenir une ombre immortelle parmi les dieux ou rester un être concret vivant sur terre. Il a préféré rester en vie, mais il a revêtu la peau du Lion qui rend invincible, ce qui veut dire qu'il accepte le combat et le destin de l'homme, mais qu'il rassemble toutes les forces éparses et les concentre en lui-même pour ne plus être vaincu. Ce que doit faire le natif du signe du Lion. Il faut s'emparer des forces éparses en soi-même après avoir vaincu les démons intérieurs; il faut les ordonner, les mobiliser, et leur donner un but, un « travail » à accomplir.

Le natif du signe peut tirer le plus grand profit de ce propos; il pourra ainsi constater que les récits et les commentaires qui entourent notre exposé ne sont pas inutiles, mais, au contraire, porteurs d'une signification pratique directement utilisable.

Le Lion sait maintenant qu'il possède en naissant les éléments nécessaires à une constitution volontaire de sa personnalité, dans un esprit libre et indépendant, et qu'il est doué d'une volonté assez forte pour le conduire où il veut et pour accomplir sa propre destinée. A une condition, mais essentielle : qu'il ait choisi.

Cette interprétation mythologique et philosophique

du signe prépare et explique l'interprétation astrologique qui va suivre.

Leur ensemble conduira le lecteur à une claire conception de la psychologie du natif du signe, laquelle sera analysée dans notre deuxième partie.

Le Soleil dans le signe du Lion en conjonction avec Jupiter. Manuscrit arabe du XIIIe siècle.

Manuscrit persan du XIIIe siècle.

Chapitre III

Explication astrologique du signe

La sagesse des Anciens n'a pas cru devoir accepter que toute la force et toute la gloire de l'univers se concentrent sur les sujets nés pendant un seul intervalle de trente jours, celui qui va du 21 juin au 22 juillet, pour faire de ces sujets des privilégiés. Aussi la réussite, la fortune, le bonheur ne sauraient-ils être accordés, même inscrits dans le ciel, qu'après quelques épreuves.

Pour chaque natif du signe, le destin s'inscrit dans la carte du ciel de l'instant et du lieu de sa naissance : c'est l'horoscope ou thème de nativité. Mais ce n'est pas tout.

Nous venons de voir le rôle joué par le Lion et par le Soleil dans les religions archaïques, la mythologie classique et le folklore. En somme, tout revient à assimiler le Lion au Soleil, le Soleil à la puissance.

Revenant au signe zodiacal du Lion, nous devons admirer de quelles hauteurs nous redescendons.

Les natifs du signe du Lion ne sont pas tous d'une telle étoffe que l'on pourrait en faire des rois. Ils sont, comme tous les autres hommes, faibles et armés à la fois, ni anges, ni bêtes, ni rois, ni esclaves. Ils sont des hommes et c'est déjà considérable. Si l'Astrologie peut leur faire extérioriser le meilleur d'eux-mêmes, elle n'aura pas perdu son temps.

C'est tout l'intérêt de l'interprétation des signes du Zodiaque que d'éclairer chaque natif sur ses dispositions et ses tendances, afin qu'il en retire des raisons d'agir, des directives pouvant l'aider lorsqu'il doit prendre une importante décision.

Nous venons d'exposer la signification mythologique et symbolique du signe du Lion.

Nous abordons ici le problème sous son angle purement astrologique.

Lion, Soleil et Maison V

Il existe, en regard de chaque signe du Zodiaque, divers éléments astrologiques qui complètent la signification générale, traditionnelle et symbolique du signe, et permettent d'aboutir, par l'étude des diverses influences qui s'exerceront sur les natifs du signe, à un degré de précision remarquable.

On considérera en premier lieu les planètes et leur action dans le signe.

Dans le signe du Lion, le Soleil est chez lui : c'est son domicile. Il en est la planète essentielle, il le gouverne. On dit aussi qu'il y est domicilié. Il y a une telle influence que, dans les représentations symboliques décoratives, on confond souvent le Lion avec le Soleil. Au XVIIe siècle, on vit fleurir une sorte de représentation du Soleil à tête léonine où les deux éléments fusionnaient.

Le Soleil, c'est la chaleur, le rayonnement, l'extériorisation des idées et des sentiments, l'élan du cœur, la générosité de la nature et du sujet, la communicabilité; mais aussi le développement des situations, la largeur de vues, le dynamisme, un style qui exclut toute féminité, toute modestie, toute réserve, pour briller, séduire, conquérir, en se faisant soi-même aimer des autres.

En outre, le point de l'horizon où se lève le Soleil, et qui se déplace de un degré par vingt-quatre heures, détermine la forme de l'influence astrale pour ce jour et sur les natifs du signe venus au monde ce jour-là. C'est donc le Soleil qui détermine le commencement, la durée et la fin de chacun des signes du Zodiaque.

Le Soleil remplit cette triple fonction pour les onze autres signes du Zodiaque et, pour le Lion, il y ajoute son influence toute particulière puisqu'il gouverne ce signe.

Il est intéressant, en effet, de savoir que chaque signe du Zodiaque est lié à une ou plusieurs planètes :

Le Bélier est le domicile de Mars;

Le Taureau, celui de Vénus;

Les Gémeaux, celui de Mercure;

Le Cancer, celui de la Lune;

Le Lion, celui du Soleil;

La Vierge, celui de Mercure; elle en est le second;

La Balance, celui de Vénus, qui en a ici un second;

Le Scorpion, celui de Pluton;

Le Sagittaire, celui de Jupiter;

Le Capricorne, celui de Saturne;

Le Verseau, celui d'Uranus;

Les Poissons, celui de Neptune.

Cette notion des domiciles des planètes a suscité de nombreux commentaires, dont ce qu'en a dit Ptolémée (cité par J. Halbronn dans *Clefs pour l'Astrologie).*

« Les domiciles sont distribués selon une raison naturelle. [...] comme, des douze signes, les deux septentrionaux [...] produisent le plus de chaleur et d'ardeurs immodérées, à savoir le Cancer et le Lion, on a jugé que ces deux signes sont les domiciles des deux plus grands et puissants Luminaires, le Lion du Soleil et le Cancer de la Lune. » Le texte poursuit : Ptolémée démontre que cette disposition se place selon deux demi-cercles, l'un à gauche du lecteur, l'autre à droite, le premier allant du Lion au Capricorne, le second allant du Cancer au Verseau.

Autrement dit :

Le Lion et le Cancer sont respectivement sous le gouvernement, le premier, du Soleil, le second de la Lune. Ensuite, on a dans le premier demi-cercle : Vierge avec Mercure, Balance avec Vénus, Scorpion avec Mars,

Sagittaire avec Jupiter, Capricorne avec Saturne; tandis que, dans l'autre demi-cercle lui faisant vis-à-vis : Gémeaux avec Mercure, Taureau avec Vénus, Bélier avec Mars, Poissons avec Jupiter, et Verseau avec Saturne.

On constate que chaque planète gouverne deux signes; mais la logique demeure car ces deux signes se font vis-à-vis sur chaque moitié du cercle zodiacal.

Pour parvenir à cette disposition, on a reclassé les planètes dans un ordre déterminé : c'est celui de leur vitesse de révolution, ce que l'astronomie nomme le « pas des planètes ».

Le système eût été définitivement correct si l'on n'avait découvert, en 1781, Uranus, dont la révolution se situe bien au-delà de la plus longue qui était jusque-là celle de Saturne; en 1846, Neptune, avec une révolution encore plus longue et, en 1930, Pluton, la plus lente de toutes actuellement. Pour rétablir l'indispensable symétrie, va-t-on devoir découvrir encore deux planètes afin que chaque signe ait la sienne ? La parole est aux astronomes.

Les planètes et le Lion

Il faut maintenant prendre en considération la nature de l'influence de chaque planète sur le natif du signe.

Le Soleil, étant la planète même du signe, ne modifie aucun aspect du natif mais en accentue simplement les traits.

La Lune a, sur la Terre et les êtres qui y vivent, une influence hors de proportion avec ses dimensions, à cause de sa proximité.

Elle représente l'appel de l'animalité. Il ne s'agit pas de bestialité, mais des forces biologiques qui font que nous vivons, que nous sommes des êtres animés. Elle agit sur la vie instinctive, sur les tendances non encore élaborées, sur ces activités que la raison ne prend pas la peine de concevoir parce que l'organisme animal s'en charge. C'est le subconscient et même l'inconscient.

Chez le natif du Lion, c'est l'exaltation de la vie instinctive, l'effervescence de la nature entraînée sans contrôle vers ses penchants, qui sont toujours nobles et toujours de valeur. D'où quelques créations artistiques sensationnelles et de génie.

Mercure est la planète de l'intelligence rationnelle, celle qui suit un argument logique et qui réfléchit avec méthode. C'est toute l'organisation intellectuelle du sujet.

Si Mercure est bien placé dans le ciel de nativité, toutes les attitudes, toutes les attirances vont se traduire par des constructions raisonnées de logique pure non dénuées d'audace. Et cela quel que soit le degré d'instruction du sujet.

S'il est cultivé, il ira vers les travaux de la recherche. Mercure, bien aspecté en Lion, fait essentiellement briller et agir une conscience claire, un esprit de synthèse. Il favorise la puissance créatrice de projets grandioses et réalisables et, dans la stratégie, les plus grands succès.

La puissance solaire du Lion est alors colorée de logique, de raison et de constructions intellectuelles sans faille.

Mal aspectée, cette planète fait courir le risque d'une fausse culture, d'une tendance à la pédanterie, aux discours apparemment savants, ne résistant pas à la moindre question pertinente.

Vénus a toujours symbolisé les éléments affectifs de la personnalité et le côté féminin de l'être. On sait que nous avons tous en nous, quel que soit notre sexe, un côté masculin et un côté féminin, plus ou moins bien développés et manifestés.

Vénus apporte douceur, féminité, grâce et beauté.

Lorsqu'elle se trouve bien aspectée dans le ciel de nativité d'un Lion, elle prend la couleur de ce signe; la tendresse devient passion; la beauté est idéale et classique, éclatante et admirable; l'âme est noble et grande; le cœur est généreux. Tout sentiment dépasse le cadre moyen du quotidien, l'affectivité, la grâce et l'expression sont magnifiées.

Une trop grande influence de cette planète pourrait courir le risque d'atténuer la virilité d'un natif du sexe masculin; c'est une éventualité que l'on peut envisager sous tout autre signe, mais le signe du Lion apporte l'énergie nécessaire pour n'être pas excessivement modifié par Vénus.

Tout au plus, dans un tel cas, le sujet, au lieu de l'action concrète et brute, sans autre raffinement préparatoire, préférera-t-il s'exprimer dans le domaine artistique. Mais dans un style supérieur.

Mars reflète dans son influence sur le natif du Lion, s'il s'y trouve bien aspecté, les traits particuliers de la divinité mythologique grecque de ce nom : Mars ou Arès. Le dieu antique des combats. C'est la planète « rouge » de l'agressivité.

Sa présence dans un thème personnifie toutes les formes de brutalité physique qui sommeillent en tout homme. Chez une femme, elle fortifie le caractère, lui procure une certaine virilité et fournit une énergie dont l'entourage, dans certaines situations, pourra s'étonner.

Les forces agressives du sujet vont dès lors s'extérioriser et s'exalter, parfois dans une action parfaitement logique, suivant un plan précis instinctivement conçu; parfois cette manifestation se produira dans l'anarchie et sans aucune prévision. C'est ce second cas qui est à la source des spectaculaires explosions de colère que peut manifester un natif du Lion.

Si le caractère est dur, injuste et brutal, si l'influence est reçue négativement, le sujet peut faire preuve de cruauté injustifiée et de bestialité incontrôlée.

En revanche, si, par la présence d'autres éléments, par l'influence d'une éducation forte et d'un entourage solide moralement, ces forces d'agressivité rencontrent un terrain imprégné de grandeur, de générosité et d'altruisme, elles trouveront leur développement et leur extériorisation dans de nobles aventures, dans des actes héroïques ou dans des gestes de courage.

Dans d'autres cas, toute cette énergie combative peut se traduire par une réussite immense dans des activités professionnelles de paix comme l'industrie, les finances, le commerce, ou des carrières de recherche médicale et chirurgicale qui seront alors menées avec une indomptable énergie.

Jupiter a pour principale action l'exaltation et l'extériorisation de toutes les forces, de toutes les dispositions du sujet. En soutenant les efforts, en amplifiant leurs résultats, cette planète procure une détente agréable, faite de satisfaction et d'espoir. Le résultat varie évidemment selon les dispositions personnelles du sujet et les éléments que lui apporte le signe même du Lion.

Chez un être gai et insouciant, on rencontrera un caractère d'amuseur, de meneur de jeu, plus énergique et plus ample chez un Lion que, par exemple, chez un Gémeaux. Le sujet sera, c'est le cas ou jamais de le dire, jovial et bon vivant. L'air de plénitude satisfaite qu'il arborera sur son visage énergique et ouvert exprimera dès l'abord ses dispositions optimistes.

Si votre horoscope indique que vous avez Jupiter en bonne place dans votre ciel de naissance, soyez conscient des avantages que cela vous procure. Jouissez à fond des facilités qui seront généralement les vôtres, en vous souvenant simplement que toute chance se paie et qu'il vous appartient de vous préparer à régler un jour cette échéance : il faut garder à la fois de la force et de la prudence, et ne pas se faire d'ennemis.

Si Jupiter est en position défavorable, il peut arriver que le sujet manque d'assurance, se sente constamment en péril, ne perçoive pas la sécurité apportée par cette puissante planète que l'on considère volontiers comme un second Soleil qui se serait éteint. La force de cette planète sur un tel terrain provoquerait alors des crises de rage impuissante, des accès de colère injustifiés et une violence désordonnée s'exprimant par une dureté sporadique, regrettée ensuite.

Chez l'être véritablement fort, Jupiter favorise un accomplissement de la personnalité, des vues élevées, le sens des grandes actions, parfois même le don de créativité des chefs-d'œuvre : un artiste, sous cette poussée, devient génial.

Saturne n'est probablement pas uniquement la planète inhibitrice que l'on a longtemps dit, l'accusant de retarder l'action, de retarder la conclusion des affaires, et de ternir un destin. Il est vrai qu'il tend à ralentir l'activité, mais les effets de ce ralentissement dépendent du caractère profond du sujet.

La présence de Saturne, lorsqu'elle a des effets positifs, permet de méditer avant de conclure, d'attendre par force qu'un fait évolue et se laisse observer sous tous ses aspects, et, par une sage et philosophique utilisation des délais qu'elle impose, elle permet de mieux agir, de mettre dans chaque décision un maximum d'informations au service d'une logique plus sereine. On ne peut pas dire que ce soit un mal; et nous ne devons pas céder à l'apparente facilité de la vitesse.

Supprimant le versant extérieur des choses et des faits, Saturne freine et ralentit les activités, atténue les tendances, oriente toutes les impressions vers l'intérieur.

Alors qu'habituellement un Lion est démonstratif, brillant et actif, cette planète, mal aspectée, peut conduire à des êtres « déchus », « maudits », si le « moi » ne consent pas à réaliser le sacrifice de son éclat pour sauvegarder son honneur, ou si la personnalité du sujet manque de souplesse et d'à-propos.

Saturne peut donc pousser à bien des erreurs. Il peut inspirer une action politique anarchiste, le goût des attentats et de l'action brutale. Il peut conduire au délire de puissance et aux excès de cruauté autoritaire entraînant l'oppression des faibles et pouvant aller jusqu'aux tortures. Encore faut-il que le sujet se laisse aller à choisir la voie rapide, celle qui est contraire aux tendance de la planète.

Si la planète est mise en mesure de donner toute son influence sans être contrebattue inconsidérément, on aura des périodes de silence réfléchi d'où jaillira l'idée, la seule, la bonne, à laquelle, dans la rapidité de l'action, on n'eût même pas songé. Le sujet s'oriente alors vers une introspection qui peut, dans un sens positif, donner des fruits de valeur, et, dans le sens négatif, conduire à la morbidité et à la névrose. Car c'est au sujet de choisir sa voie...

Uranus, planète de découverte récente, est considérée comme porteuse de contestations, de réformes, voire de révolution.

Dans le signe du Lion, Uranus favorise un destin d'aventurier; explorateur de régions dangereuses, découvreur de territoires inconnus, etc. Sous son influence, le sujet canalisera ses forces dans un sens toujours volontairement opposé aux notions acquises, aux institutions, aux lois et aux règlements traditionnels. Ne rien faire comme prévu, mais réinventer le monde : tout modifier, tout bouleverser, non sans une certaine méthode, mais en innovant et en renversant les valeurs établies.

C'est la fuite devant le normal, l'habituel, la série,

l'individu ramené à un simple numéro. C'est une recherche permanente d'innovation brusque et parfois même brutale.

Neptune est la planète du brouillard et des incertitudes. C'est la planète de l'illusion trompeuse; elle est rarement efficace dans le signe du Lion mais, si elle est présente, elle peut, d'une aventure possible, faire une utopie, d'un projet en voie de réalisation, faire un exploit irréalisable, d'un plan logique faire un rêve insensé. Les vues sur l'avenir deviennent alors délirantes et le sujet ne jugera pas utile de s'engager dans une voie à ce point follement sans issue.

Un natif du Lion ne se laisse pas facilement entraîner sur cette pente fantaisiste; il sait généralement descendre en son for intérieur pour voir clair dans ses propres tendances et trouver les forces nécessaires pour résister.

Ses activités peuvent être affaiblies, retardées ou entachées d'une erreur au début, mais les réalisations se feront jour quand même et, si elles demandent plus d'efforts, elles en seront d'autant plus valables.

Pluton est une planète dont on n'est pas encore certain de bien connaître l'influence. La logique, le sentiment, les déductions s'unissent pour tenter de créer une situation plausible; on peut néanmoins définir son influence sur les natifs du signe du Lion comme teintée d'agressivité et de violence.

La planète est en exil dans le signe du Lion. Ici le Soleil domine et Pluton est une planète à tendances obscures et d'action souterraine.

On ne saurait en dire davantage sans faire œuvre d'imagination.

Ainsi peut-on exprimer les influences planétaires sur les natifs du signe du Lion. Pour considérer son cas personnel, chaque natif doit établir (ou faire établir) la carte du ciel calculée à l'instant de sa naissance et les présences planétaires ainsi que les positions réciproques ou aspects selon lesquels on considère la force relative de la modification apportée. Précisons une fois de plus que ce sont des tendances, des obstacles à prévoir ou des facilités à envisager dont on peut tirer parti : encore faut-il en être averti.

La Maison V

Il est assez difficile de définir à la fois avec précision, avec exactitude et avec simplicité ce que sont les Maisons en Astrologie. Il y a douze Maisons et chacune correspond à un secteur de la vie du sujet. Voici, à titre de rappel, une liste des douze Maisons avec une brève indication de ce que contient le secteur de chacune :

La Maison I concerne la personnalité psychologique du sujet; la Maison II, ses biens matériels; la Maison III, les communications du sujet avec son entourage : paroles, gestes, écrits; la Maison IV, le milieu familial du sujet; la Maison V, ses loisirs, ses plaisirs; la Maison VI, son travail professionnel et sa vie domestique; la Maison VII, le mariage et les associations; la Maison VIII, la mort : les crises, les changements touchant le sujet; la Maison IX, sa vie spirituelle; la Maison X, sa carrière et sa vie sociale; la Maison XI, les amitiés et les protections du sujet; la Maison XII, enfin, les épreuves de sa vie.

D'autre part, à côté de cette liste, on dresse généralement un parallèle entre les Maisons et les signes du Zodiaque. Selon le signe pendant lequel vous êtes né, et qui est noté comme correspondant à la Maison qui porte le même rang, c'est le secteur indiqué par cette Maison qui sera pour vous le centre des intérêts de votre vie.

C'est pourquoi les natifs du Bélier ont une

personnalité excessivement marquée; ceux du Taureau portent un intérêt aux acquisitions matérielles; ceux des Gémeaux sont spécialisés dans les rapports avec les autres; ceux du Cancer se passionnent pour la maison familiale et les souvenirs d'enfance; ceux du Lion aiment les plaisirs et l'amour; ceux de la Vierge sont sages et économes; ceux de la Balance, tout en grâce et amabilité, sont faits pour le mariage; ceux du Scorpion ont des préoccupations complexes et songent à la mort; ceux du Sagittaire cultivent des idéaux élevés; ceux du Capricorne sont des travailleurs volontaires et courageux; ceux du Verseau sont des âmes généreuses ayant beaucoup d'amis et ceux des Poissons envisagent leur propre vie après celle de l'univers.

Notre Lion est donc un personnage aimant les plaisirs des sens, l'amour, le flirt, le succès, la société de ses semblables; ainsi correspond-il à la Maison V. Tout ce que représente cette dernière est au premier rang des préoccupations du natif du Lion. Donc, la partie la plus importante de son existence, celle sur laquelle il se sentira désireux de construire son bonheur personnel, tout ce qui répondra à ses aspirations, à ses ambitions, se trouve dans cette Maison V.

Si elle se rapporte aux loisirs et aux joies de la vie, précisons également qu'elle concerne aussi l'univers créatif, c'est-à-dire le fait d'avoir des enfants et l'expérience humaine que constitue leur éducation. C'est aussi l'exercice d'un art, occupation principale et professionnelle ou violon d'Ingres si on a adopté une profession imposée par les circonstances plus que par la vocation.

Les Maisons ont un autre rôle que ce parallélisme avec le rang occupé par le signe zodiacal. Il est exact qu'un natif du Lion sera plus heureux si les activités correspondant à la Maison V lui sont faciles et si rien ne s'oppose à ce qu'il s'y livre avec succès.

Mais les planètes peuvent se trouver dans les Maisons et, dans ce cas, on en tire de nouvelles informations qui recoupent et complètent celles que l'on vient d'évoquer.

La situation la plus favorable pour un natif du Lion est d'avoir le Soleil dans sa Maison V.

Sans faire sa carte du ciel, sans faire œuvre d'astrologue, vous pouvez déjà, avec ce qui précède, rassembler un certain nombre d'informations sur le natif du Lion. Si vous êtes intéressé par une étude plus détaillée, vous pourrez tenter de dresser une carte du ciel comportant toutes les données utiles, mais c'est un travail délicat qui doit être exécuté avec une exactitude rigoureuse, sous peine de comporter des erreurs pouvant modifier entièrement le résultat.

Il est déjà très intéressant et très utile de se borner à l'interprétation symbolique et psychologique du signe. C'est en cela que je me propose de vous informer et, en lisant les chapitres suivants, vous verrez mentalement se dessiner un portrait de plus en plus précis du natif du Lion; certains détails vous intéresseront plus que d'autres, mais les principes généraux de l'étude sont assez clairement exposés pour que vous puissiez appliquer les informations générales données ici aux cas particuliers qui vous intéressent.

Par ailleurs, en réunissant les douze volumes de cette collection, vous aurez la possibilité de recueillir, éparses dans la partie générale de chaque volume, les principales données de l'Astrologie.

Nous allons tenter dans le chapitre suivant de définir la psychologie des natifs du Lion.

Il va de soi que ce que je vais vous dire pourra s'appliquer à un grand nombre de personnes; il faudra, pour chaque cas, user de votre intuition et de votre bon sens pour ne considérer que les éléments qui sont en harmonie avec la personne à laquelle vous vous intéressez. La plupart du temps plusieurs propositions sont possibles; vous devez déterminer celle qui, pour vous, se rapproche le plus de la vérité, car, sous chaque signe, naissent des individus divers.

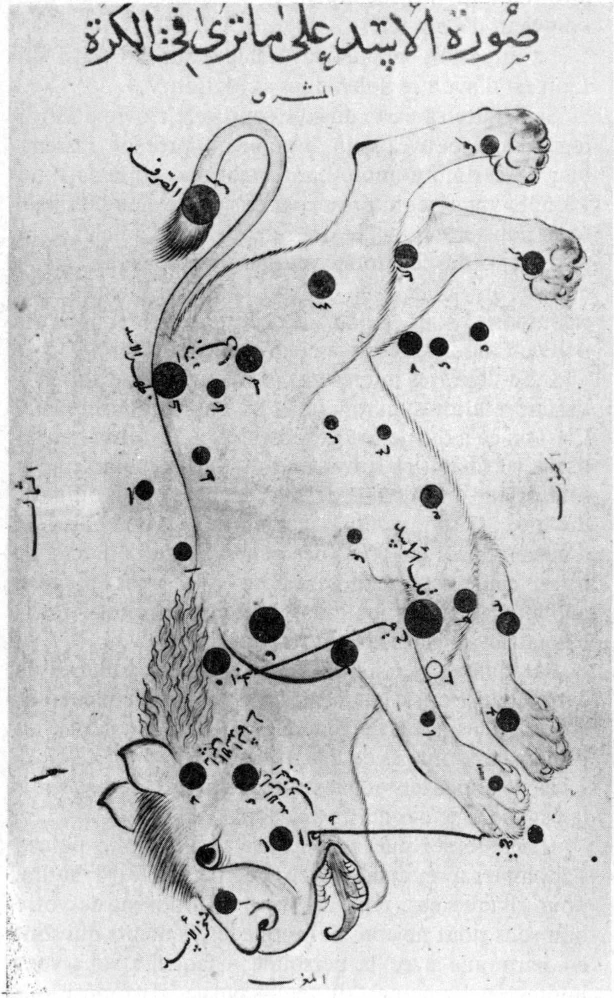

Catalogue des étoiles, *de Abd al-Rahman al-Sufi. Manuscrit arabe du XVe siècle.*

Deuxième partie

La constellation du Lion, gravée d'après Léonard Gautier. Le Livre des Zodiaques, *XVIIe siècle.*

Chapitre I
Les natifs du Lion

Il ne saurait être question d'assimiler les natifs du Lion à cet animal, ni même à ce que la symbolique traditionnelle attribue au roi des animaux. Pas plus qu'il ne nous viendrait à l'idée d'assimiler à un crabe le natif du Cancer et de supposer vierges toutes les jeunes filles nées entre le 23 août et le 22 septembre.

Le symbole représente un rayon d'action. L'objet symbolique est choisi pour certaines de ses particularités, mais tout doit être interprété, et votre signe, comme tout autre symbole, ne dévoilera sa vérité qu'à la fin d'un examen approfondi, réfléchi et documenté, suivi d'une méditation. Celle-ci ne peut venir que de chacun de vous. Ici, on vous en ouvre les voies, on vous en indique les bifurcations possibles, on vous met en garde contre l'erreur, mais on ne peut pas méditer à votre place et conclure pour vous au sujet d'une personne que l'on n'a jamais vue et dont on n'a jamais entendu parler !

On a défini brièvement le natif du Lion comme « l'homme qui a franchi, par l'effort indomptable et le don de sa personne, la limite de l'humain et du surhumain » (M. Sénard, *Le Zodiaque,* Éditions traditionnelles, Paris).

M. André Barbault, lui, titre l'étude qu'il fait de la psychologie des natifs du Lion *Une force de la nature.*

L'astrologue Ely Star écrivait, au sujet du Lion : « Le Lion donne une âme élevée, l'esprit de justice, un caractère inflexible, un cœur ardent et généreux. »

Ajoutons à ce préambule que le Lion est un signe de Feu et que l'élément Feu donne énergie, vitalité, ambition, enthousiasme et confiance en soi.

Le Lion est, d'un certain point de vue, une sorte de Bélier mûri, au plein de sa force, au point culminant de sa carrière.

Un bilieux plein de vitalité

Si tous les natifs du Lion n'ont pas une force physique capable de supporter la comparaison avec celle du roi des animaux, il faut néanmoins reconnaître que, de tous les signes, il est celui sous lequel les natifs ont la plus grande force corporelle. L'aspect physique est le plus souvent celui d'une charpente solide bien proportionnée, de traits énergiques et lumineux et d'un système musculaire équilibré. La santé est robuste et le sujet naît et grandit sans trop poser de problèmes.

On considère que le natif du Lion a un tempérament de bilieux. A ce propos, précisons la notion de tempérament.

On distingue traditionnellement, en Astrologie, quatre tempéraments, qui sont :

– le bilieux, d'un signe de Feu, être passionné, maître de soi; sa musculature est puissante; il choisit l'action plutôt que la méditation;

– le nerveux, d'un signe de Terre, dominé toute sa vie par sa cérébralité, par les actions et réactions de son système nerveux;

– le sanguin, d'un signe d'Air, un optimiste, un euphorique, chez lequel dominent les fonctions respiratoires, ce qui lui donne un bon équilibre physiologique;

– le lymphatique, d'un signe d'Eau, un instinctif, un rêveur; chez lui l'appareil digestif et les fonctions de nutrition dominent.

Revenons à notre Lion qui, disions-nous, appartient au groupe des bilieux. Sa principale énergie est la force, le mouvement physique, et il se dépense sans compter.

Les mouvements expriment une extériorisation des

pensées, des impressions, des sentiments : le Lion fait des gestes. Il agit.

Cette action est là pour utiliser son trop-plein de vitalité : tout le comportement du sujet est marqué par une abondance, une ardeur, une diversité rapide des impressions et des réactions qui sont uniques dans tout le Zodiaque. La carrure, l'énergie provoquent le désir d'agir, et cela se traduit souvent par une forte tendance à la revendication. Les désirs, les souhaits sont exprimés avec vigueur, défendus avec force, soutenus avec audace. Le sujet n'est pas timoré, loin de là ! Il sait ce qu'il pense, ce qu'il veut, ce qu'il réclame; il l'exprime clairement et rien ne le retient. Cette somme d'énergie disponible peut aller jusqu'au goût de l'aventure, se mettre au service de l'ambition ou conduire à l'esprit de domination.

Une puissante réserve de forces permet une grande dépense, même, parfois, une dépense excessive.

Activité d'abord

Le natif du Lion est, en principe, et si rien ne vient contrecarrer exceptionnellement sa nature, un être sain. Il voit les choses avec naturel, son esprit est équilibré, détaché des étroitesses d'un égoïsme qui, pour lui, en raison de sa force, serait parfaitement superflu. En conséquence, il n'est pas méfiant et suppose *a priori* les autres aussi naturels que lui. Aussi ignore-t-il les voies tortueuses, les mensonges, les ruses, les méfiances, les hésitations, la timidité. Si, par suite de circonstances particulières, il perd ce bel équilibre, il est tout décontenancé et sent nettement que son déséquilibre doit immédiatement être compensé sous peine de sentir sa personnalité faire naufrage. Il trouve d'ailleurs, dans un tel cas, l'aide nécessaire auprès d'un ami ou d'un partenaire aimé.

Il est donc confiant, heureux et sans complications.

De cette certitude innée due à sa force et de son équilibre résulte chez lui un air d'autorité raisonnable qui l'impose dans le milieu où il vit.

Il a tendance à dominer ceux qui lui ressemblent, à faire taire ceux qui voudraient le contredire, bref, où qu'il soit, on sait qu'il est présent; il n'est jamais indifférent, ni passif : être actif constitue son principal trait de caractère.

Cela se passe toujours ainsi, quelle que soit sa situation sociale. Car, à lire le portrait d'un Lion, on serait tenté de dire : « Mais ils naissent donc toujours dans les classes dirigeantes ? » Non, mais s'ils sont issus d'une famille très modeste, ils ne tardent pas à monter de plusieurs échelons dans la société; et, de toute façon ils agissent toujours comme s'ils avaient la puissance. C'est une habitude, un instinct, un style; ils sont ainsi.

La plupart du temps, cette supériorité dont ils semblent tacitement faire état existe bel et bien : ils ont de l'autorité. Ils restent rarement dans l'ombre parce que, justement, ils ont ce supplément d'activité physique qui les pousse à se mettre en mouvement, ce qui les place toujours en avant des autres et les fait remarquer.

Son-ils réellement supérieurs aux autres ?

C'est à voir.

Une personnalité secondaire

En analysant le caractère du Bélier, nous avons remarqué qu'il s'agissait d'une psychologie dite primaire : la personne est spontanée, vive; elle considère les faits au présent et a tendance à oublier ce qui est passé. La réaction est immédiate, mais de brève durée.

Une personnalité secondaire, telle celle que nous avons rencontrée chez les natifs du Taureau, observe et réfléchit avant d'agir.

Le Lion appartient à cette seconde catégorie.

Nous avons donc deux éléments définissant sa psychologie : c'est un être actif et pourvu d'une psychologie secondaire.

Son goût de l'action provenant de sa nature de bilieux est inné chez lui; il en a conscience très tôt et, dès qu'il se rend compte de sa force physique, il exprime ses désirs avec énergie, comme s'il devinait qu'il pourra les satisfaire lui-même si on ne lui répond pas. Tout enfant, il sait déjà cela.

Pour lui, vouloir c'est pouvoir, car il se sent assez fort pour prendre ce qu'on ne lui donnerait pas.

Dans les cas limites, si les circonstances, les astres, l'entourage ont sur lui une influence mauvaise, il peut devenir tyrannique et chercher à résoudre tous ses problèmes par la violence.

Il est possible que l'agressivité vienne accentuer encore cette note de violence. Nous avons vu que l'agressivité était apportée par la planète Mars.

Au contact d'un obstacle, un Lion agressif lancera dans le combat les forces qu'il a en réserve, et cela en dépit de toute les résistances qui lui seront opposées. Dans l'enfance, il ne sera pas toujours le plus fort, surtout avec les adultes; dans ce cas, la crise se résoudra par des sanctions. A l'âge adulte, si ce penchant n'a pas été endigué, le Lion aura des explosions de colère qui, dans la mesure où elles seraient incontrôlées, pourraient causer des dégâts regrettables.

Le caractère secondaire du psychisme du sujet évitera dans la majorité des cas que n'éclate un drame car, instinctivement, le Lion n'agit qu'après réflexion. Parfois, la colère sera partiellement feinte, pour mesurer l'étendue de la crainte qu'elle inspire.

Le Lion ne supporte pas d'être vaincu. Dans le meilleur cas, il évite la compétition s'il n'est pas assuré de la victoire. S'il est vaincu, il subit un grave choc psychique.

Sachant sa force et n'étant pas d'une nature

Napoléon Bonaparte, *par Lemoine, 1801*.

méfiante, le Lion attaque toujours de face. Il ignore les « coups fourrés », les « combines » et les manœuvres souterraines.

Il ne se laisse pas entraîner à user de ses armes physiques pour servir ses intérêts personnels et ses passions. Les épreuves de force, pour lui, ne sont nécessaires que lorsque l'obstacle se dresse brutalement devant lui.

L'émotivité

Le Lion connaît sa force. Sa volonté est toujours consciente; elle est maîtrisée et dirigée en vue du but visé. Elle oppose une résistance tendue aux mouvements passionnels.

Mais le Lion a-t-il des mouvements passionnels ?

Son appétit de vivre le pousse à l'action; appétit veut dire attirance et désir. Un Lion voit dans la vie qui se présente à lui telle et telle chose qu'il souhaite posséder, qu'il voudrait obtenir ou réaliser. Ses sentiments à cet instant se manifestent et toute son affectivité entre en action. Il est poussé par une « émotion ».

Tout l'être, physique et psychique, est mis en état d'alerte dès qu'une émotion se manifeste. Sa vitalité, son dynamisme, sa force musculaire et toutes les possibilités de décision entrent alors en mouvement. Car chez le Lion l'émotion se traduit par un état parfaitement passionnel.

Le caractère de secondarité de sa psychologie atténue heureusement les mouvements de la passion. La cohérence, la systématisation et une certaine inhibition psychique en sont favorisées. La secondarité unifie et bloque les désirs en les canalisant vers un but. Il n'est, dès lors, plus question de céder à des impulsions désordonnées, à des passions, mais, plus sainement, de reviser les émotions, de les sérier, de bloquer celles qui sont superflues et ne répondent pas au but choisi, tout en favorisant celles qui vont dans le sens souhaité.

Cette disposition naturelle donne au Lion les plus grandes chances d'atteindre le but qu'il s'est fixé. C'est le sacrifice nécessaire dont parle la mythologie que nous citions au début de ce volume. Un certain ascétisme résulte de la sélection des désirs : le Lion ne conservera que ceux qui servent le but choisi. Les autres seront bloqués, même s'il résulte de ce blocage une privation douloureuse.

Le Lion accompli réussit à remplacer ses diverses passions par une seule d'entre elles, qui bénéficiera de toute son énergie disponible.

Les traits essentiels

Après cette abondance de détails et pour me résumer en termes clairs, je dirai que le natif du Lion a une personnalité bouillante, toujours en mouvement, agitée de désirs, d'explosions passionnelles, mais que son équilibre naturel le pousse à faire une sélection, un choix parmi ses désirs et ses passions; il aura toujours la force de se priver de satisfactions immédiates si cela lui permet d'arriver plus sûrement à la réalisation d'un programme peut-être plus lointain, mais de plus grande importance.

La psychologie du Lion est simple et sans détours, nette et loyale. Conscient de sa force, il est décidé à l'utiliser le mieux possible.

Ce qui semble être le portrait d'un homme assez approché de la perfection. Mais ce n'est qu'un point de vue théorique; de plus, toute personnalité a deux versants, l'un, positif, utilise les éléments favorables de sa personnalité. L'autre, négatif, gâche les dons du ciel et piétine son destin.

L'autre versant

Le Lion tend à rejeter, à discréditer, à refouler tout ce qui, en lui, ne sert pas le but qu'il s'est proposé d'atteindre. Cette attitude crée une tension psychique qui le pousse à décupler son activité.

Avec de tels mécanismes, le Lion risque de devenir d'une ambition démesurée.

Il sent qu'il est fort et solide comme un bloc et qu'il peut utiliser cette puissance. Mais c'est un extraverti : il est constamment tourné vers les autres, son entourage, ses semblables. Il a de la sympathie pour eux; il les estime et voudrait leur être utile. Ces deux tendances fusionnent en un programme unique : gagner, dominer, asservir : mais, lorsqu'il parvient au sommet, s'il accentue sa puissance, c'est pour en faire bénéficier son groupe social, c'est-à-dire les gens de sa profession, de son parti, ou de sa famille. Il ne le fait pas pour venger un affront, réparer une injustice, venir en aide. Il le fait pour être celui dont on dit : « Quel homme ! quelle puissance ! quelle personnalité ! »

Il ne le fait même pas dans une modeste obscurité en se disant que l'éclat s'en fera voir tôt ou tard : l'art dramatique est inné chez lui et il se « met en scène » pour son public. Le Lion veut se donner une auréole d'abord. Puis, lorsqu'il aura conquis la célébrité (peut-être toute relative, car on est célèbre dans sa famille, dans son village, si on ne l'est pas aussi facilement dans son pays et dans le monde...), il la mettra au service de la cause qu'il a choisie.

Si son ambition est incontrôlée, il se placera d'autorité à la tête d'un groupe et donnera ses ordres.

Le désir de domination peut déformer la personnalité du Lion en gâchant ce qu'elle a de pur et de généreux. C'est le versant négatif.

Pas plus que quiconque, un Lion n'est parfait. Tous ses efforts accomplis, ses buts atteints, il lui reste à combattre ses ennemis intérieurs.

Est-il vaniteux ?

Il faut bien reconnaître que, fort et organisé comme l'a créé la Nature, le Lion est conscient de sa valeur. Il se sait travailleur, courageux, puissant. Mais comment se juge-t-il ?

Il a tendance à faire de sa propre personne le centre de l'Univers. Il aime que toute chose porte sa marque; s'il le pouvait, il se ferait faire un sceau pour l'appliquer partout, et d'une très belle facture. Ce qui est médiocre n'est jamais pour lui.

Le Lion tend à jouer comme sur une scène le propre drame de sa vie. Il se sent obligé de le faire pour s'imposer à un certain groupe et en prendre le commandement. Mais il lui arrive de ne pas pouvoir s'arrêter là. Il peut verser dans l'excès de faste, le décorum, avec une naïveté dans l'orgueil qui fait sourire.

Les uns vont se parer de leurs décorations avec ostentation; d'autres vont sacrifier des fortunes à bâtir des résidences de luxe et à éblouir la société nombreuse qu'ils y invitent afin de montrer leur richesse. Le Lion adore jouer au grand seigneur. Tout en le faisant avec ostentation, il en assume les charges et il a ses « œuvres ».

Nul ne doit ignorer qu'il donne et combien il donne. Mais ses dons sont bien réels.

Ainsi le Lion agit-il la plupart du temps comme s'il était très grand; et, quand il ne l'est pas et que la vanité prend le pas sur l'efficience, on assiste à un déchaînement fantastique de gesticulations déraisonnables.

Les Lion comptent parmi eux des élites, des « flambeaux » de l'humanité, des grands hommes, des célébrités locales. Mais aussi des arrivistes, des arrogants, des suffisants, des aventuriers et même des tyrans.

Les malades mentaux sont aussi en nombre chez eux, le psychisme a craqué : ce sont des paranoïaques qui vivent leur rêve de puissance dans les hôpitaux psychiatriques.

Benito Mussolini.

Portrait physique du Lion

Le natif du Lion, c'est Hercule ou c'est Apollon. Physiquement, les natifs du signe peuvent se rattacher soit à l'un, soit à l'autre type.

Du côté d'Hercule, le corps semble « dilaté ». Le sujet est un bilio-sanguin.

Du côté d'Apollon, l'individu est un « rétracté »; c'est un bilieux pur.

L'un et l'autre, cependant, disposent de la force physique; l'un comme l'autre ont un squelette bien proportionné, une musculature équilibrée et robuste.

Le vrai Lion

Le Lion dilaté est celui qui est le plus facilement comparable au félin. Sa carrure est exceptionnellement large. Son cou bref et solide porte très droit une tête plutôt volumineuse, puissante, massive, avec un crâne bien rond, une chevelure drue et plantée en arrière, un visage projeté vers l'avant, avec des traits gros, mais solides, équilibrés et réguliers.

Le front est lisse et ample; les arcades sourcilières assez bien marquées, les yeux écartés et la base du nez plutôt large.

Il n'est pas très grand, mais on sent ses muscles toujours tendus et actifs. Sa démarche est rapide, sèche et silencieuse.

Les gestes sont fermes et précis mais, dans la colère, il peut déployer une force disproportionnée avec la situation, en soulevant des objets lourds, par exemple.

Il a le rire facile et, quand il est satisfait, il veut rendre tout son entourage heureux : il adore inviter ses amis et les nourrir abondamment.

Il a généralement l'air de bonne humeur et rit volontiers. Il est démonstratif et peut avoir de franches et éclatantes colères. Mais, visiblement, il préfère montrer de la gaieté et de l'enthousiasme.

Sa voix est chaude, vibrante, sonore. Sa poignée de main est franche et cordiale. On dit de lui qu'il « a de la présence ». Son défaut est de frôler parfois de très près le mauvais goût.

Le style Apollon

Si le type que nous appelons le « vrai Lion » ressemble à Hercule, l'autre se rattacherait plutôt, dans la mythologie, à Apollon, le jeune dieu solaire.

Il est beaucoup plus distingué, plus élégant que le premier. Son visage offre de larges pans délicatement modelés. Il a le front haut et pur, les sourcils bien arqués et le nez légèrement aquilin. Il a le profil droit, plutôt convexe, de grands traits, largement dessinés, nets et harmonieux.

La ligne générale du corps est svelte, élancée, bien proportionnée et musclée, longiligne sans excès.

Sa personne appelle les mots d'harmonie, élégance, distinction, ampleur, clarté.

Souvent ces deux types morphologiques se retrouvent dans la même personne, où ils se confondent.

L'un et l'autre possèdent le port de tête typique des natifs du Lion.

Le type Apollon a des gestes amples, mais élégants et sobres. Il peut être assez spectaculaire. Comme le type Hercule, il a la voix chaude, vibrante et sonore.

La santé des Lion

Les natifs du Lion ont une vitalité débordante. Inutile de préciser qu'étant gouvernés par le Soleil ils sont en bonne santé. Ils ne sont pas très sensibles aux maux d'origine psychosomatique car ils réagissent peu affectivement; leurs émotions sont d'un ordre tout différent. Chez eux, c'est la loyauté, la passion, le désir de domination, l'exercice d'une certaine autorité qui sont la source des émotions. Ce ne sont pas des éléments susceptibles de troubler le bon fonctionnement organique.

Un risque les guette. Il vient de leur extrême orgueil. Les Lion paraissent très sûrs de leur santé et de leurs principes d'hygiène; ils ne veulent pas de conseils, même quand ils en auraient besoin.

Leur ostentation les pousse à dépenser beaucoup d'énergie, à se dépasser continuellement, sans admettre qu'ils ont, eux aussi, des limites.

S'ils sont malades, et si ce n'est pas par suite d'un excès d'activité, ce pourrait être par pléthore. Aimant beaucoup la vie dans toutes ses manifestations, ils peuvent, par exemple, manger trop, manquer de sommeil, et courir délibérément à l'infarctus.

Le signe zodiacal du Lion agit sur les tissus, les organes, le système circulatoire, ainsi que sur le cœur.

Les maladies des natifs du signe risquent donc d'être à base de désordres circulatoires. Par exemple, les troubles de la composition du sang, les anémies, les artérites, les phlébites, les syncopes cardiaques et tous les infarctus (cardiaques, pulmonaires, cérébraux). Ils craignent les embolies, les angines de poitrine, mais aussi les dépressions nerveuses, conséquences des troubles cités précédemment.

Ils doivent également veiller à n'avoir point diverses autres maladies de même origine telles que des troubles de la vue par hémorragie rétinienne, des crampes des membres inférieurs, et jusqu'à des gangrènes qui paraissent infectieuses et qui sont des artérites non signalées.

Le natif du Lion est un malade à poussées brutales. Il va par crises. Ses maladies sont brèves.

Pour les conserver en bonne santé, le meilleur remède sera le plus naturel.

Miniature tirée du Livre des rois. *Manuscrit persan, 1604.*

Chapitre II
Le destin des natifs du Lion

Bien sûr, il n'est pas dans notre intention d'affirmer ici que toutes les personnes nées sous le même signe du Zodiaque ont un semblable destin; on doit reconnaître, cependant, que leur vie présente des points communs. Ce sont l'environnement, la famille, le climat, qui ont diversifié les vies des uns et des autres.

Il existe bel et bien un style de vie Lion.

Toujours utiles à connaître, les lignes de la destinée des natifs de chacun des signes peuvent faciliter une décision; elles peuvent trancher un débat et incliner un des plateaux de la balance lorsque avantages et inconvénients paraissent de même poids.

Tous les natifs du Lion, placés dans des circonstances semblables, auront tendance à réagir de la même façon, alors que, dans une situation similaire, les natifs du Cancer ou des Gémeaux auront une attitude différente.

Habitudes et habillement

Tous les détails de la vie sont importants dans l'étude d'un comportement et, avant d'envisager les grandes lignes de la destinée d'un Lion, regardons les détails de sa vie privée.

Les natifs du signe savent très tôt que la nature les a favorisés physiquement. Leur vitalité, unie à un psychisme du type « secondaire », aboutit à un équilibre dynamique et raisonné qui ne tarde pas à les marquer favorablement : leur stature, leur attitude, leur port de tête, leur démarche contribuent à en faire des personnalités intéressantes et, pour beaucoup d'entre elles, particulièrement belles et imposantes.

Leur goût de paraître et leur manque de simplicité, qui sont innés, leur font choisir des vêtements à la fois originaux et remarquables.

Une femme née sous le signe du Lion et qui n'a pas les moyens de revêtir de belles étoffes, de se voir chaque jour élégante et éclatante, sera plus privée de cette modeste satisfaction que telle autre née, par exemple, sous le signe du Cancer. Elle sera très affectée, ne comprenant pas le sens de la simplicité, de la rusticité. Pour la femme Lion, la belle toilette fait partie des éléments essentiels de la vie.

Si elle ne peut pas s'offrir le luxe de la très haute qualité, de la nouvelle mode, des couleurs fines et splendides, madame Lion devra se méfier de son goût; elle risque de tomber dans le clinquant. Si elle ne peut pas avoir de vrais bijoux, elle risque de se parer de verroteries comme un arbre de Noël. Les Lion n'ont pas toujours le goût très sûr.

C'est un côté de leur personnalité dont ils doivent tenir compte, car il est facile de s'en corriger en se tournant vers une plus grande simplicité.

Il faut que ces belles Lionnes se disent qu'elles ont naturellement et sans artifice un physique qui, à lui seul, attire et retient l'attention; qu'elles portent royalement la moindre chose et n'ont qu'à veiller à rester simples; en la portant, elles donneront à leur toilette une apparence de qualité.

Les hommes du Lion ont la même tendance aux excès vestimentaires. Les mêmes conseils sont valables pour eux; ils doivent éviter les grosses chevalières en faux or, comme les costumes aux couleurs trop originales dont le tissu de qualité médiocre s'abîme et devient ridicule au bout de quarante-huit heures. Pour les hommes aussi, la simplicité est payante : sur eux le costume le plus modeste devient princier pour peu qu'on fasse porter l'effort financier sur la qualité du textile.

Ajoutons que les tendances actuelles en ce qui concerne l'habillement servent ce type d'humanité : les modes « relax » et « jean » sont portées par les natifs de ce signe avec la seule véritable élégance qui puisse permettre de circuler ainsi vêtu en tous lieux et en toutes circonstances, ou presque.

L'attitude sociale chez le natif du Lion

Les natifs du Lion sont des dominateurs, des gens heureux, des gens gais. Comment cela se traduit-il dans les rapports quotidiens et professionnels ?

On ne saurait prétendre ici que les natifs de ce signe sont tous destinés à des professions libérales et artistiques ou à des postes de « cadres supérieurs »; il en va ici comme partout : on retrouve des Lions à tous les degrés de l'échelle sociale.

Il est évident, cependant, qu'un Lion travaillant modestement dans un emploi de bureau où l'on requiert de lui régularité, calme, silence et quasi-immobilité ne sera pas heureux. Pour que son travail soit une occupation d'autant plus agréable qu'elle rapporte de l'argent, il faut que son accomplissement ne soit pas un supplice, ni un étouffement sous les contraintes.

Le Lion, homme ou femme, ne peut pas se sentir à l'aise dans un emploi trop calme et sans initiative. Toutes les fois qu'il se trouve dans ce cas, il est préférable, pour lui, d'en changer.

Il aura plus de chances d'être satisfait et d'aimer son métier s'il sait que son signe correspond à la Maison V, donc aux activités de loisirs, aux amusements et aux diverses formes de l'art. S'il n'est pas placé par sa naissance, par une fortune familiale ou par de brillantes études à un poste de direction et de responsabilité, il vaut mieux qu'il choisisse une carrière visant à distraire ses contemporains. Il y réussira généralement.

Mais fera-t-il ce choix ? A cet égard, notre époque le favorise. Il y a toujours eu, certes, des amuseurs et des animateurs, mais on n'avait encore jamais vu une corporation tout entière consacrée aux loisirs se créer, s'organiser et fonder ainsi des emplois comme on le voit actuellement.

Tel que le lui dicte son signe, le destin du Lion est assez difficile à réaliser. Etant autoritaire, il est généralement tenté de refuser toutes les suggestions et, quand il s'aperçoit qu'il s'est trompé, d'en faire reproche à la société elle-même et de passer dans l'« opposition », quel que soit le régime politique et social sous lequel il vive.

Devenant alors un dissident et un rebelle, son destin se gâte et l'équilibre ne s'établit pas; or c'est la condition première d'une existence satisfaisante : on ne peut pas passer toute une vie à se battre !

En fait, le destin du Lion est entre ses mains, à condition qu'il accepte de lire ces lignes et de bien vouloir leur accorder une certaine importance.

Souvent, le natif de ce signe rate la première partie de sa vie par entêtement et orgueil, et réussit la fin parce que son autorité naturelle est rattrapée, à force de travail et d'années de résignation, par ses capacités professionnelles et l'expérience que donne l'âge...

Un beau destin de Lion devrait se dessiner dès la vingtième année.

Portrait de l'homme d'action

Qui fait le portrait d'un Lion classique du type Hercule fait le portrait de l'homme d'action.

C'est un passionné qui s'identifie facilement à sa mission.

Sans aller jusqu'au trouble psychique ou mental, le Lion a une légère tendance à s'identifier non seulement à sa mission, mais à cette mission exaltée d'importance accrue et à laquelle il finit par adhérer au point que sa vie privée disparaît.

C'est le type d'homme « qui n'a pas le temps » de s'intéresser à son foyer.

Il est lui-même cette fonction.

Dans les cas extrêmes, il s'estime à ce point nécessaire qu'il hésite à quitter le lieu de son travail : il lui semble que, dès qu'il aura cessé de veiller sur ses dossiers et sur son téléphone, sur son agenda et sur son fichier de clients, l'entreprise va s'écrouler parce qu'il est le seul à la faire tenir debout.

C'est le type d'homme qui rentre tard à la maison avec sous son bras des dossiers importants qui ne peuvent souffrir une heure d'attente. Il rentre parce qu'à la maison non plus on ne sait pas se passer de lui et souvent parce qu'il a invité des relations d'affaires à venir converser avec lui. Par ces contacts humains, il se rassure sur son autorité personnelle.

Sitôt rentré, il se jette sur ses dossiers comme sur une proie et, dès que ses invités arrivent, il change et devient à la fois gai et bon vivant, autoritaire et dominateur, installant les uns, servant les autres, avec cette loyauté, cette fermeté du geste qui n'appartiennent qu'aux natifs de ce signe.

Même s'il se rend ridicule, car il ne connaît pas la modération, l'assistance, hypnotisée, ne s'en aperçoit pas. Ce n'est que plus tard, « à froid », et hors de sa présence, que les critiques les plus aiguës se feront jour sur son attitude et les sourires seront indulgents : « Il est comme cela ! C'est quelqu'un ! ! ! »

Ce qu'il fait, le fait-il bien ?

Oui, car un Lion se doit à lui-même de ne pas encourir de reproches sur le plan professionnel. Les seules critiques qu'on puisse lui adresser concernent le plan privé et les relations humaines.

Manque-t-il de bonté ? Certainement pas, car il est à ses propres yeux un personnage assez important pour que les autres aient besoin de lui. Tant que l'orgueil ne l'aura pas aveuglé, il restera très sympathique et jouira d'une solide réputation de mécène, de bienfaiteur, d'homme aux vues larges et idéalistes.

Retour aux mythes grecs

Cet homme d'action n'est pas invulnérable et il connaît des problèmes comme tout le monde.

Le mythe du combat d'Hercule contre le lion de Némée l'indique clairement. Poussé par une vitalité qui, parfois, est démesurée, et dépasse largement ses besoins sociaux, le Lion attache un prix particulier à l'estime des autres. Il était nécessaire à Hercule de vaincre le lion de Némée pour se revêtir de sa peau qui rendait invulnérable, comme il est nécessaire à de nombreux Lion contemporains de réussir des entreprises au-dessus de leurs forces pour se sentir estimés à la valeur qu'ils s'attribuent eux-mêmes dans leur subconscient.

Le Lion se dira : « Je ne suis pas estimé à ma réelle valeur parce que je n'ai pas eu l'occasion de faire mes preuves. »

Loin d'être aigri, ce Lion poussé par son optimisme ajoutera : « Je trouverai l'occasion de me mettre en avant et de réussir là où les autres échouent; alors, on saura ce que je vaux. »

Non seulement il le pense mais, cherchant cette occasion, il la trouve ou la provoque, bref, il réussit.

Gardons-nous de nos illusions, cependant. Les Lion qui me lisent ne doivent pas rêver : le Lion réussit, mais non sans peine. Si Hercule lui-même, qui était un héros, donc un surhomme, a failli échouer dans son combat, les simples humains qui n'ont pas eu de divinité dans leurs ancêtres ne feront pas mieux que lui; avant de revêtir cette invisible dépouille d'un théorique lion de Némée qui leur apportera l'estime et le respect de leurs contemporains, et qui les rendra invulnérables sur le plan social ou professionnel, il faudra qu'ils émoussent leurs flèches et brisent leur massue. C'est à mains nues et à la force du poignet que nos Lion devront livrer leur combat, comme Hercule dut étrangler de ses mains et étouffer sous son genou son terrible adversaire. Le caractère du Lion le porte à de tels combats. Mais son entourage devra veiller à ce que cette ardeur ne soit pas fatale à sa santé.

Si votre enfant est un Lion

Pourquoi ne pas commencer dès sa petite enfance à éduquer un Lion selon son signe et favoriser ainsi un développement harmonieux de ses possibilités ?

L'enfant Lion sera un possessif car sa vitalité le rendra exigeant. Ses colères ne sont pas des caprices, mais l'expression d'un besoin profond. Elles doivent l'aider à extérioriser son trop-plein de force de vitalité.

Il faut à cet enfant des jeux vivants au milieu de petits camarades de sa force ou un peu plus forts que lui pour qu'il prenne l'habitude de se dépasser. Il saura ainsi comment on peut se tailler une place telle qu'on la veut et telle que les possibilités personnelles le permettent. Il saura que tout n'est pas facile, mais qu'il possède en lui la force de vaincre les obstacles de sa route.

Cet enfant réclame aussi beaucoup de tendresse, car le Lion n'a que trop tendance à ignorer les mouvements de l'âme. Il est dans la vie concrète. Pour lui, aimer, c'est donner, mais donner des biens matériels. A ses parents revient la mission de l'orienter vers des pensées plus élevées, plus spiritualisées.

Il est toujours inutile et parfois dangereux de raisonner un Lion en colère.

La meilleure attitude est celle qui consiste à le

laisser extérioriser son trop-plein d'énergie en cris et en gesticulations sans tenir aucun compte de ses paroles et en évitant simplement les accidents.

Cette colère tombée, notre Lion reviendra de lui-même à une conception plus logique de l'entourage et des obligations quotidiennes. On tentera de limiter de telles explosions en le dirigeant vers des exercices de plein air, des sports violents où il pourra donner toute sa mesure, utiliser le bon système musculaire qui lui est attribué par la nature et oxygéner un sang riche, afin de se bien porter.

Il sera de première importance, également, d'apprendre de bonne heure à l'enfant Lion à ne pas prendre des nourritures trop riches, trop excitantes et en trop grande quantité. Cela à cause des troubles de la circulation qui le guetteront dès la trentaine et afin de les prévoir et de les éviter par des habitudes saines et une bonne diététique.

Il faut, enfin, ne pas entraver sa volonté dans le choix d'une carrière, car il sait ce qu'il peut réaliser. Les contraintes, s'il les accepte, peuvent faire de lui un raté, ce qui, psychiquement, serait une chute grave et parfois irrémédiable.

Le Lion veut être fort dans sa vie sociale et il y parvient généralement.

Dans sa vie privée, en revanche, c'est Hercule aux pieds d'Omphale. Il a besoin de se laisser vaincre, d'obéir, de céder. S'il reste très équilibré dans sa profession, il sera désireux, en rentrant au foyer, de trouver une épouse attentive et prévenante, mais qui, parfois, le dirige et donne ses ordres. A la maison, c'est elle le chef.

Malheureusement, une grande partie des Lion abusent de leurs forces. L'épouse est alors plus nécessaire que jamais, mais la vie de famille devient peu agréable. Il faut éloigner les enfants, faire silence, et que le repas du soir soit un havre de sérénité, avec une nourriture légère. La nuit doit être réparatrice. Les récriminations, les ordres domestiques sont comme des poisons qui vont ulcérer davantage notre Lion surmené et le conduire à divers accidents de santé.

Un Lion est un être plein de ressources et le plus souvent d'une valeur au-dessus de la moyenne. Mais, comme tous les humains, il a sa fragilité que masque souvent sa surprenante vitalité : on ne s'aperçoit pas toujours de ses besoins psychiques.

Saint Jérôme dans sa cellule, *par Albrecht Dürer. Nuremberg, XVIe siècle (musée du Petit-Palais).*

Chapitre III

Les types mixtes du Lion

Tous les natifs du signe du Lion ne se ressemblent pas ; tous ne sont pas des types purs. Comme pour les autres signes du Zodiaque, l'influence du signe solaire n'est pas unique dans la constitution de l'individu né entre le 23 juillet et le 22 août : d'autres forces sont agissantes. Parmi elles, la plus importante est celle de l'ascendant.

Trouvez quel est votre signe ascendant

Etre né sous le signe du Lion, c'est venir au monde pendant une période de l'année au cours de laquelle le Soleil, en paraissant à l'horizon, masque la constellation du Lion. Mais l'heure à laquelle le sujet est venu au monde n'était pas forcément celle du lever du Soleil, et le cercle du Zodiaque, poursuivant son mouvement apparent autour de la Terre, présentait à l'est un autre signe : le signe ascendant.

Pour savoir quel est votre ascendant, vous devez connaître l'heure de votre naissance. Elle figure sur l'acte de naissance enregistré par l'état-civil. C'est l'heure officielle, celle que l'on appelle l'heure civile. Vous devrez la convertir en heure solaire, c'est-à-dire l'heure que devait indiquer à cet instant-là un cadran solaire. En effet, les gouvernements ont pris l'habitude non seulement de suivre les différences de longitude selon des fuseaux horaires, donc déjà avec un certain décalage, mais d'adopter une « heure d'été » et une « heure d'hiver » pour certaines périodes de l'année. Pour retrouver l'heure solaire de votre naissance, vous pouvez consulter les tables de correspondance que certains éditeurs spécialisés mettent à votre disposition le commerce.

Le signe ascendant apporte une assez puissante modification de votre signe de naissance, appelé signe solaire. C'est pourquoi, parmi les natifs d'un même signe, on rencontre des personnalités très différentes.

Nous allons examiner quelles modifications apportent au signe du Lion les onze autres signes du Zodiaque lorsqu'ils sont en ascendant. Cette énumération contribuera à préciser le portrait des natifs du Lion.

Ajoutons que chaque être a sa propre personnalité et qu'il demeure unique autant qu'irremplaçable. Il n'y a pas de série.

En effet, il ne pourrait pas y avoir deux êtres semblables, sauf deux « vrais » jumeaux, parce que trop d'éléments contribuent à construire cet ensemble constituant notre individualité : le signe solaire et le signe ascendant, aussi la position des planètes dans le ciel à l'instant de la naissance. A ces influences astrales vont s'ajouter des circonstances extérieures, ainsi, par exemple, le caractère des parents, les éléments héréditaires, l'attitude des parents et de l'entourage sur le petit enfant, mais aussi l'influence des événements publics.

Toutes ces forces, agissant sur un être jeune, en train de se former physiquement et psychiquement, lui donnent son caractère personnel.

Ce que vous cherchez dans l'interprétation de votre signe, ce sont les grandes lignes de votre nature et de votre destinée. Les grandes lignes seulement, car il n'y a pas de fatalité contre laquelle on ne puisse réagir. L'astrologie donne des indications, non des faits : à vous de les utiliser au mieux.

L'enfant qui vient au monde à l'instant où pour la première fois le Soleil pointe à l'horizon oriental dans le signe du Lion, c'est-à-dire qui a le signe du Lion à la fois comme signe solaire et comme signe ascendant, sera très bien caractérisé et seules les planètes passant dans son ciel peuvent modifier les traits de ce type. C'est un Lion pur. Il subsiste l'option involontaire entre le type Hercule et le type Apollon. Le plus souvent, il tiendra à la fois de l'un et de l'autre. Nos schémas sont nets, mais les êtres humains le sont moins et présentent toujours un relatif mélange.

Nous allons donc voir comment se dessinent les personnalités des natifs du Lion avec pour ascendant l'un des onze autres signes du Zodiaque.

Type Lion ascendant Bélier

Lorsque le natif du Lion vient au monde avec un ascendant Bélier, il subit une modification de sa personnalité dans le sens apporté par le Bélier, premier signe du Zodiaque, signe essentiellement dynamique et de psychologie primaire.

Le Bélier est un être qui crée, prend des initiatives, arrive le premier dans un monde nu et vide. Aussi n'entend-il pas les conseils ni les suggestions. Il impose sa volonté aux autres sans hésitation. Il est individualiste. Il agit au milieu de la foule des autres en créant des remous dont il ne soucie absolument pas. Il suit ses impulsions et sa spontanéité, agit à l'instant même, puis oublie. Il ne sait même pas quelles sont les conséquences de ses actes. Signe de Feu, il est rapide, stimule les autres, crée le mouvement. Puis, sans savoir ce qu'il en advient, il passe à une autre idée et s'en va créer un autre mouvement.

C'est un extraverti, un émotif et un spontané à psychologie dite primaire parce qu'elle agit selon le premier mouvement, la première impression. Il est intuitif, optimiste mais instable.

Ces traits de caractère, agissant sur ce que nous savons de la psychologie du Lion, auront pour résultat certaines modifications du type pur.

Le dieu du Feu Agni. Manuscrit indien du XVIIIe siècle.

D'abord, ce sont deux signes de Feu. Le tempérament bilieux reçoit cet impact feu et crée une énergie combative, audacieuse et généreuse.

La volonté devient autoritaire et s'affirme de préférence dans l'indépendance du caractère et le sens inné du commandement.

Les faiblesses du Bélier trouvent leur origine surtout dans le caractère primaire du signe. Ce sont l'irréflexion, l'instabilité qui le font abandonner les projets aussitôt qu'ils sont mis en route. Il manque de discipline, n'aime pas se conformer aux règlements. Sa logique est très personnelle et il agit sans aucune diplomatie. S'il cherche à faire plaisir à quelqu'un, il le fait directement et sans détours. Il ignore les manœuvres comme les précautions oratoires.

Le Lion, sous cette influence, perdra un peu de son équilibre logique de psychisme « secondaire » et négligera parfois de réfléchir avant d'agir. Il ne tardera pas à s'en repentir, car il a souvent des charges entraînant des responsabilités. Il se peut qu'avec l'ascendant Bélier il soit moins apte aux fonctions de direction, d'organisation, sinon de commandement.

Mais l'enthousiasme du Bélier va dominer le signe du Lion. A son orgueil, cet enthousiasme va donner une couleur agréable, bénéfique, passionnelle. Les missions dont se charge le Lion seront à la fois moins mirobolantes et plus étincelantes. Il sera plus actif et moins réfléchi, mais toujours autoritaire. En revanche, il sera moins tenté de se dépasser.

Type Lion ascendant Taureau

Nous sommes encore au début du Zodiaque. Chacun des signes est encore imprégné des énergies créatrices. Le signe du Taureau apporte l'élan d'une force de la Nature.

C'est un signe de Terre. Il n'est donc pas en opposition avec le Feu.

Il a une psychologie secondaire et, en ce sens, il entre bien dans la ligne du Lion, qui est aussi un « secondaire ».

Le Taureau est généralement calme dans son comportement, mais il est capable de se mettre en colère. Il sent monter en lui ses colères et il les redoute lui-même.

Avec le Lion, ce trait ne sera certainement pas atténué. Chez le type mixte, il faudra envisager une correction de cette tendance qui deviendrait, sans une bonne rectification psychologique, un réel inconvénient.

Le Taureau ne craint pas la solitude et reste souvent silencieux. Ce n'est pas le cas du Lion. L'ascendant atténuera probablement les démonstrations et les discours du Lion et apportera un équilibre riche et utile.

Le Taureau est un introverti. Il se replie volontiers sur lui-même. Le Lion est un extraverti, il faut qu'il soit entouré car il doit communiquer immédiatement aux autres ce qu'il ressent. Le caractère introverti n'agira probablement pas sur le Lion car il a en lui trop de vitalité pour modifier son attitude.

La psychologie « secondaire » du Taureau facilitera un effort de longue durée, en accord avec le Lion. Ce dernier, fort de sa supériorité, sera confiant dans le but qu'il poursuit et avec l'intensité d'effort qu'il est en mesure de fournir; pour peu qu'il ait la ténacité du Taureau, il arrivera sans aucun doute aux résultats qu'il recherche.

En résumé, le type Lion-Taureau apparaîtra comme une force de la nature, une personnalité puissante, un tempérament qui s'affirme et revendique son originalité et son autorité, une volonté irréductible dans l'accomplissement de la tâche délibérément choisie et le sens du commandement.

La personnalité est entière, stable, ferme et absolument loyale. Pas de demi-mesures et encore moins de compromissions : le Lion-Taureau méprise carrément les faux-fuyants et s'en vante.

Type Lion ascendant Gémeaux

Les Gémeaux sont un signe d'Air. Le Lion, un signe de Feu. Il n'y a pas d'opposition.

La caractéristique essentielle des Gémeaux est d'être un signe double ; sa personnalité est le siège d'une dualité. Une partie reçoit, l'autre donne. Les Gémeaux ont tendance à entreprendre deux choses en même temps, à prendre parti dans un sens et dans le sens contraire avec la même facilité. Ils sont très mobiles, divers et communicatifs.

Ils sont agités, gais et bavards, et se donnent constamment l'air de jouer alors même qu'ils se livrent aux occupations les plus sérieuses. Ils raillent, ils ironisent, surtout sur eux-mêmes, par pudeur, par goût du secret et souci de ne se point livrer.

Un caractère si différent que le sien aura-t-il une influence sur le Lion ? Oui, par certains éléments. Par exemple, les Gémeaux sont extravertis comme le Lion et cela constitue un point de rencontre.

La force du Gémeaux réside surtout dans sa faculté d'adaptation, ses dons intellectuels, son optimisme, sa lucidité, sa rapidité.

Tout cela ne contredit en rien le Lion qui peut bénéficier, avec un tel ascendant, d'une certaine amélioration de son caractère.

Nous le savons, le Lion est fort et volontaire, il s'extériorise volontiers et possède à un niveau élevé des dons de générosité, de décision, d'activité.

Le type Lion avec ascendant Gémeaux réunira facilement les éléments positifs de l'un et l'autre signe.

On assiste généralement à une heureuse association de qualités telles que volonté et intelligence, ce qui donne une bonne efficience ; la force du Lion, unie à l'habileté dont font preuve les Gémeaux, sa maturité soutenue par l'élan de grande jeunesse des Gémeaux harmonisent heureusement le caractère.

Le Lion-Gémeaux est donc un être bien équilibré. Sa personnalité est forte, il fait preuve d'esprit, d'originalité, d'une pensée perpétuellement en éveil et d'une grande puissance dans la conception des idées générales.

Il communique volontiers par la parole avec ses semblables, et cette parole est particulièrement gaie, spirituelle, pleine d'à-propos. Ce sont toujours des programmes d'action réalisable, des directives, une argumentation forte et persuasive.

Au physique, alors que les ascendants Bélier et Taureau n'apportaient pas de grandes modifications, le Gémeaux affine les attaches, amincit la silhouette et, en gardant son port de tête royal, notre Lion est plus gracieux que fort et plus rapide que puissant.

Type Lion ascendant Cancer

Lorsqu'un natif d'un signe gouverné par le Soleil a pour ascendant un signe gouverné par la Lune, l'harmonie est rare entre les éléments apportés par l'une et l'autre de ces influences.

Le Cancer est un signe d'Eau. Il apporte aux natifs un caractère, en principe, complètement introverti, passif, réceptif, affectif et dépourvu de dynamisme. Il bénéficie cependant de qualités rares et recherchées, notamment une bonne intuition en affaires, une grande facilité de contact avec la foule, un public anonyme, une collectivité ; il a une grande imagination et surtout une mémoire presque parfaite.

Ces qualités ne semblent pas toutes devoir s'opposer à la personnalité des natifs du signe du Lion ; eux aussi ont un bon contact humain. Toutefois, une contradiction apparaît dans les aptitudes professionnelles :

le Cancer, en effet, semble plutôt doué pour les fonctions exigeant mémoire, calme, régularité et patience ; tandis que les Lion ont des dons de direction, d'initiative, et sont dynamiques et actifs.

Certains Cancer manquent totalement de sens pratique, ce qui ne saurait étonner d'un être soumis à l'influence de la Lune, l'astre des rêves et des illusions.

Le Lion-Cancer ne possède pas toutes les qualités du Lion de type pur ; l'ascendant le prive d'une partie de son dynamisme. Par une équitable compensation, il perd son agressivité et se trouve plus rarement dans le cas de faire subir à son entourage une véritable colère de Lion. Derrière l'expression de sa volonté, de son désir d'action et de ses capacités d'initiative et de commandement, on pressent une grande réserve, une profondeur de sentiment qui ne s'exprime pas mais se devine et colore tous les gestes de ce Janus qui réunit en lui le jour et la nuit.

Le Lion-Cancer a une grande et profonde sensibilité qu'on ne rencontre pas souvent dans ce signe. Cette sensibilité semble avide de s'épancher, car le sujet reste généralement un extraverti. L'élément lunaire qui est en lui forge des rêves, médite, s'émeut de sa propre contemplation ; au même moment, l'élément solarien facilite une mise en train immédiate de chaque projet, une communication avec l'entourage et une grande confiance affective.

Le Lion-Cancer sera doué pour la philosophie, les lettres, la musique. Il saura s'exprimer en confiance, même devant un vaste auditoire, et sa puissance de communication restera sa principale qualité.

Le type Lion ascendant Vierge

La Vierge est un signe de Terre. Psychologiquement, le natif de la Vierge est un introverti. Il a un tempérament nerveux, des instincts peu exigeants qu'il domine facilement. Il est tantôt primaire, tantôt secondaire, mais toujours non émotif. Il est minutieux, soigneux de sa tenue, respectueux des règles établies. Dans les cas excessifs, en réaction contre cet excès de conformisme, surtout si son rang et sa situation peuvent lui permettre de s'exprimer, il réagit brutalement par quelques excès. Mais ce cas n'est pas le plus classique.

Son intelligence est analytique. C'est une nature qui aime le classement méthodique jusqu'à la manie.

Il a un très grand sens pratique, une parfaite efficacité à son niveau, une excellente organisation personnelle. Mais il est égoïste et communique difficilement avec ses semblables.

En somme, s'il y a quelques oppositions entre la Vierge et le Lion, elles ne troublent pas excessivement la personnalité du Lion-Vierge.

Chez un natif du Lion avec ascendant en Vierge, on rencontrera certainement une dimension exagérée du moi, due aux craintes du natif de la Vierge qui cherche toujours à se protéger et à l'orgueil du Lion qui s'exalte lui-même tout naturellement, en fait part aux autres et prend des dimensions déraisonnables. Le Lion a beaucoup de volonté et agit efficacement ; avec cette exaltation du sentiment de sa propre valeur, cette tendance se développe dans toutes les directions où elle peut servir la grandeur personnelle.

Il faut dénoncer là un très grand risque : le sujet peut arriver à ne développer chez lui que ce culte du moi, la satisfaction de ses besoins personnels égoïstes, en mettant en jeu toutes les qualités d'intelligence et de force morale et musculaire mises à sa disposition par la nature.

Mais c'est aussi une très grande chance. Dans d'autres circonstances ou conditions, sous d'autres influences, il arrive aussi fréquemment que l'exaltation du moi soutenue par la volonté et par la certitude de sa propre puissance aboutisse à une expression sincère et totale des meilleurs tendances de l'homme; le Lion-Vierge peut devenir un des génies créateurs qui jalonnent l'histoire de la civilisation, mais il est possible que tout se décide dans la première enfance.

Le type Lion ascendant Balance

La Balance donne à ses natifs une nature extravertie. Signe d'Air, elle n'entre pas en opposition avec le Lion, signe de Feu. Les affinités entre les signes vont aboutir à une personnalité très intéressante. Mais considérons d'abord, dans la Balance, les traits des natifs du signe qui semblent pouvoir se transmettre au signe du Lion.

Le natif de ce signe est essentiellement un être qui communique facilement avec ses semblables. Il est d'un caractère égal, sans brusquerie, affectivement très conciliant, non par faiblesse mais par sentiment, et tient avant tout à une certaine correction, une certaine esthétique.

Le Balance est physiquement agréable et élégant. Il peut donc contribuer à magnifier les qualités physiques du Lion.

Mais, à la différence du Lion de type pur, le Balance est essentiellement un non-violent. Avec lui, tout se résout dans le calme et la courtoisie.

Son intelligence est intuitive. Mais elle n'est soutenue que par une base affective importante. Il ressent et, ensuite, comprend.

C'est un être qui mise sur la bonté universelle et qui, sur le plan professionnel, est très régulier dans son travail.

Ces éléments peuvent-ils apporter des modifications très marquées au caractère du Lion ?

Au physique, ainsi que nous venons de le constater, le Lion, déjà assez favorisé par son signe solaire, trouve de nouveaux avantages apportés par son ascendant. Il sera plus élégant et, sans nul doute, évitera les écueils du mauvais goût et de l'ostentation qu'on pourrait reprocher au type pur.

Psychologiquement, on remarquera que le caractère du Lion doit normalement trouver un certain apaisement avec un tel ascendant. Il est possible que l'influence du signe de la Balance, équilibré s'il en est, adoucisse ses élans de colère.

Le Lion-Balance apparaît donc comme un être beau, élégant et courtois, mesuré et précis, avec une communicabilité accrue et probablement personnalisée : il ne s'adresse plus à la collectivité tout entière, mais probablement saura reconnaître individuellement ses interlocuteurs. Sa volonté reste aussi puissante, mais toute violence est diminuée et le caractère pacifique de la Balance apparaît pour atténuer la brutalité du Lion de type pur.

On imagique parfaitement les Lion-Balance doués pour les carrières relatives à l'harmonie et à la beauté sous toutes ses formes. On rencontrera moins de meneurs de foules et davantage de chefs d'orchestre.

Le type Lion ascendant Scorpion

Le Scorpion est un signe d'Eau, le second des signes d'Eau. C'est un signe fixe. Or on peut observer que, lorsque l'eau est fixée, immobilisée, en marécage, elle donne naissance à des feux follets... c'est un des cas où l'on peut dire que l'eau peut s'accorder avec le feu.

Or le Lion est un signe fixe et un signe de Feu. Nous devrions pouvoir conclure qu'il n'y a pas d'incompatibilité et que le fait d'avoir le Scorpion en ascendant n'apporte pas de complexité dans la personnalité d'un natif du Lion.

Examinons donc les traits que l'ascendant peut apporter au caractère et à la personnalité du Lion.

Le Scorpion est animé par un ensemble d'instincts

puissants provoquant en lui une grande tension intérieure. Il ramène tout à lui-même, il est excessivement individualiste. Il peut être ferme, dur ou brusque, car il sait quelle force est en lui.

Il est très égocentrique et seul ce qu'il peut penser ou faire l'intéresse.

Sa particularité la plus connue consiste à noircir les choses : il dramatise, mais dans le sens du drame plus que dans une intention spectaculaire.

Il est très perspicace, très critique. Mais il a souvent des idées préconçues.

Il s'ennuie dans une vie calme et souvent doit recommencer toute sa carrière parce qu'il s'est jeté dans des aventures le forçant à repartir à zéro.

Ce qu'il transmettra au Lion, c'est son dynamisme instinctif, violent, qui, cadrant avec les bases du caractère du Lion, les accentue simplement.

Par le côté sombre de sa personnalité, le Scorpion va dramatiser le Lion et donner des nuances tragiques à un destin qui, sans cela, n'était que luminosité et éclat.

Le dynamisme du Lion peut fort bien devenir une simple violence non justifiée, et l'égocentrisme du Lion peut devenir, avec un tel ascendant, un égoïsme plus étriqué, plus tortueux, plus passionnel, plus souterrain, avec des intrigues, des médisances et des vues compliquées dans leurs buts aussi bien que dans leurs moyens. Le Scorpion est un signe qui n'apporte pas la simplicité des mœurs et de la psychologie.

Le Scorpion est un signe imprégné de poussée vitale, car des eaux immobiles doit renaître une vie nouvelle; le Lion dispose d'un dynamisme naturel, mais plus fixe, plus affermi dans sa position et dans son intensité. Cette lumière solaire se trouvera peut-être voilée par les brumes montant des marais du Scorpion, et le Lion-Scorpion sera certainement un personnage complexe.

Le type Lion ascendant Sagittaire

En passant en revue l'influence de chaque signe zodiacal en ascendant à la naissance du Lion, nous constatons qu'en général la personnalité d'un natif du Lion a peu à gagner avec la plupart des ascendants possibles. Si l'on pouvait choisir la date de naissance de son enfant, on choisirait son signe zodiacal ; ce n'est pas impossible. Mais il est beaucoup plus délicat de considérer l'heure de la naissance, pour choisir l'ascendant...

Comme le Lion, le Sagittaire est un signe de Feu. C'est le troisième des signes de Feu. Après le Bélier, feu naissant, le Lion, feu en pleine maturité, voici le Sagittaire, le feu qui s'achève, qui meurt.

C'est une ardeur apaisée, assagie en quelque sorte, que ce feu va communiquer aux natifs du signe.

Mais le Sagittaire est gouverné par Jupiter ; si le feu est près de s'éteindre, on peut dire qu'il y a beaucoup de chances pour que la carrière soit accomplie selon une bonne courbe. Le natif du signe atteindra le sommet qu'il vise.

Le centaure qui symbolise ce signe est mi-animal, mi-homme. Remarquons la noblesse de l'animal : le cheval. Le Sagittaire peut faire partie de l'élite.

Un Sagittaire aime la vie ; il sait en voir les bons côtés. Il est un peu conformiste, juste ce qu'il faut pour se faire une agréable place au soleil.

Si les planètes de son ciel de naissance sont contraires à cette harmonie, il peut devenir un rebelle, opposé à toutes les contraintes, un révolté fougueux, mais ses motivations ne sont jamais égoïstes ni matérielles. Elles trouvent leur source dans le monde intellectuel, dans des problèmes sociologiques. Le Sagittaire reste un idéaliste.

Son intelligence est toujours désireuse de se dépasser et de suivre sa propre flèche. Il est entreprenant, courageux, généreux, plein de bonne volonté.

L'influence de l'ascendant Sagittaire sur un natif du Lion n'est pas mauvaise. Elle ne peut pas créer de graves dissonances, les deux signes étant des signes de Feu. Le Lion acquerra un rayonnement intérieur plus profond, son dynamisme s'orientera vers de grandes causes. Il recherchera un idéal auquel attacher toutes ses pensées, ses initiatives, ses forces ; il servira la morale traditionnelle et simple.

Le Lion-Sagittaire dominera ses contemporains par l'étendue de son intelligence, la générosité de ses sentiments et ce même courage indomptable si typique chez tous les Lions.

Le type Lion ascendant Capricorne

Le Capricorne est un signe hivernal. Nous nous éloignons de plus en plus de la chaleur fixe et intense du Lion. C'est un signe de Terre, le troisième, celui qui appartient à la période décroissante. L'année tend vers sa fin. L'hiver est installé et la végétation s'est arrêtée. La graine est enfouie dans le sol et elle y attend les jours futurs de la naissance.

Cette attente de la vie, qui paraît suspendue, immobilisée dans l'expectative, rend les natifs de ce signe froid et polis, avec de longues périodes de silence.

Le Capricorne est un introverti. Tout se passe chez lui sur le plan intérieur. Il n'est pas moins émotif qu'un autre, mais il n'extériorise pas ses sentiments.

Il est flegmatique, ce qui est tout le contraire du Lion.

Il peut être très ambitieux dans son silence et sous son flegme. Il peut aussi être tout à fait détaché des choses d'ici-bas. Rien ne transparaît.

Il est porté vers la méditation. Il est systématique dans sa pensée et implacable dans ses jugements.

Que peut-il apporter au Lion si loin de lui ?

Sa force est dans la discipline, l'organisation, la

méthode. Il lutte en usant l'obstacle. Il semble qu'il ait l'éternité pour lui.

Sa faiblesse est dans son caractère sombre, taciturne et froid, sa mauvaise humeur trop fréquente.

Il n'a pas le don de la communication avec ses semblables et ses longues périodes de silence indifférent, fatigué ou boudeur indisposent les autres contre lui et nuisent à ses réelles qualités en les masquant aux yeux de ceux qui l'entourent mais ne prennent pas la peine de le déchiffrer.

Sur un natif du Lion, l'ascendant Capricorne ne va pas améliorer le caractère ni la psychologie. Toutefois, les faiblesses du Capricorne peuvent équilibrer certains défauts du Lion.

L'ambition est dans les deux signes ; celle du Lion-Capricorne sera typique, à la fois expansive et concentrée. Le sujet n'aura de cesse qu'il ne se soit élevé de plusieurs échelons dans la hiérarchie sociale ou professionnelle. Il tient à assumer des responsabilités et il met d'autant plus de puissance dans son effort qu'il en parle moins et ne se disperse pas en discours.

Il apprécie une expérience à longue portée, une ascension lente, mais certaine, et une domination des autres par sa force intellectuelle plus que par son dynamisme physique.

Le type Lion ascendant Verseau

Le natif du Verseau est un homme sage qui s'intéresse à l'humanité plus qu'à un seul individu et qui souhaite déverser ses connaissances et son expérience sur ses semblables comme le personnage symbolique illustrant le signe verse de l'eau à ses pieds.

C'est un signe d'Air, le troisième de l'année. Il a fait son évolution et il vient d'atteindre un idéalisme pur.

Il est très sociable, il tient au contact avec les autres

et recherche leur sympathie. Instinctivement, il néglige les petits problèmes au profit des grandes causes.

C'est un extraverti, émotif, actif, de psychologie secondaire. Lorsqu'il est sous l'influence d'Uranus, qui, avec Saturne, gouverne le signe, le Verseau ressent le besoin de s'affirmer, mais toujours avec une motivation dépourvue d'égoïsme et, au contraire, liée à l'ensemble de l'humanité.

Il dispose d'une intelligence intuitive, s'exprime bien et volontiers, avec des paradoxes et des expressions frappantes.

Il fait confiance aux autres et au progrès ; il apprécie tout ce qui est d'avant-garde et anticipe volontiers sur la réalité future.

Il existe une certaine opposition entre le Lion et le Verseau, elle ne tient pas à la nature même des signes ; elle tient à leur situation dans le cycle annuel solaire. Le Verseau, qui règne dans la période du plus grand froid, ne saurait réagir comme le Lion, lequel appartient au plein été. Mais tous les deux s'intéressent foncièrement à leur milieu, à la société contemporaine, à l'ambiance sociale, aux conditions de vie des hommes. Mais ils s'y intéressent de manière différente.

Le natif du Lion qui a le Verseau en ascendant ne connaîtra jamais la paix intérieure. Il sait qu'il a un idéal élevé, mais il ne peut définir nettement et pour toute la durée de son action ce qui a dicté cet idéal. Est-ce pour servir sa propre gloire ? C'est le cas du Lion-Verseau où le Lion reste dominant. Est-ce pour l'offrir à l'humanité tout entière ? C'est le cas du Lion-Verseau où ce sont les influences Verseau qui dominent.

Quelle que soit la fin dernière de son programme, le Lion-Verseau a violemment besoin de se sentir un centre rayonnant, une personnalité influente, un être actif, connu, dynamique, altruiste, renommé, brillant, généreux, ardent dans ses idées, dans sa façon de les défendre et de provoquer leur réalisation.

Le type Lion ascendant Poissons

Rien n'est plus opposé à un Lion qu'un Poissons. Tout est contraire en eux.

Le Lion est signe de Feu ; les Poissons sont signe d'Eau. Le Lion est signe d'été ; les Poissons achèvent l'hiver. Ils attendent le printemps. Le Lion est simple, limpide, de conceptions nettes. Les Poissons sont doubles, fuyants, insaisissables.

Insaisissable, c'est bien le meilleur qualificatif du comportement des Poissons. Le natif de ce signe a une tendance marquée à disparaître dès qu'on tente de le cerner par des questions ou de lui imposer seulement des rendez-vous. D'ailleurs, n'ayant pas le sens du temps, il oublie facilement les rendez-vous. En cela, il manifeste bien son naturel fuyant.

Il est essentiellement sensible, réceptif, émotif et actif. Il est continuellement ému par les grands courants de pensée. Il a une intelligence intuitive, irrationnelle, illogique mais sûre, car il pressent ce qu'il ne saisit pas. Il vit souvent dans l'utopie et le rêve éveillé ; mais, s'il se reprend, et s'il sait capter l'influence de Jupiter plus que celle de Neptune, il va directement vers la réussite dans l'utilisation de ses dispositions les plus étranges.

Comment le signe des Poissons en ascendant dans le Lion peut-il influencer les natifs du Lion ? Comment ces sujets vont-ils recevoir cette influence ?

Le Lion-Poissons gardera de son signe solaire les caractères de puissance, de dynamisme, de force musculaire, d'éclat et de prestige. Il demeurera celui qui souhaite diriger et conservera son égocentrisme qui prend pour but sa propre réussite et se retrouvera altruiste et généreux dans la mesure où cela le sert.

Il restera ouvert à toutes les idées, à toutes les modes, à tous les projets. Il restera droit, loin des compromissions, des faux-fuyants et des affaires douteuses. Il sera cet être extraverti à la gaieté communicative propre à son signe solaire, mais sa personnalité contiendra des traits totalement différents bien que sans heurts. En effet, le Lion-Poissons sera tenté de suivre le conseil d'Hercule et de sacrifier son *ego* à l'idéal poursuivi. Orgueilleux et brillant, il n'utilisera ses dons que pour le bien de tous et dans un dessein hautement humanitaire, éventuellement universel. Car la présence des Poissons élargit à l'infini le champ d'action du Lion et le transporte aussi loin dans l'espace que dans le temps. Son ouverture, son but, sa raison d'être, quand il aura dominé ses problèmes de dualité intérieure, seront le don de soi à l'universel.

Traité d'astrologie, *de Mohammed ibn Hasan el-Saoudi.*

Troisième partie

La Sainte Pureté dans une forteresse d'améthyste,
par Hans Memling. Bruges, XVe siècle
(musée Jacquemart-André).

Chapitre I

Le Lion et les natifs des autres signes

« Le soleil montait
comme pour considérer de plus haut
la vaste mer étendue sous lui. »
GUY DE MAUPASSANT.

Il est bien naturel de prendre en considération, maintenant, les réactions, l'attitude du natif du Lion lorsqu'il se trouve en face d'un natif de son propre signe ou d'un autre signe, et, dans chaque cas, d'observer ou de prévoir la nature de leur dialogue.

Evidemment, cette rencontre peut se faire sur tous les plans et c'est généralement sur le plan du travail et des relations sociales que ces rencontres sont intéressantes. En effet, si l'on pouvait, lorsqu'on forme une équipe en vue de l'accomplissement d'une tâche déterminée, tenir compte des affinités astrologiques entre les membres de l'équipe et des dispositions que leur type zodiacal leur donne pour assumer telle ou telle fonction, on serait surpris du résultat.

Dans la mesure où la psychologie intervient dans le choix du personnel, le résultat s'approche déjà de cette hypothèse, mais il existe un obstacle : on ne trouve pas toujours les spécialistes que l'on cherche dans la catégorie psychologique souhaitée...

De même, dans la vie professionnelle, chaque individu ne peut pas rechercher absolument une situation, un emploi, un poste où seuls des gens avec lesquels psychiquement il est en harmonie soient appelés à collaborer avec lui.

Mais il est un cas où la recherche de la personnalité psychologique et morale d'un partenaire est une condition essentielle de succès : c'est le mariage.

On peut être passionnément amoureux et sentir que l'on n'a pourtant pas encore trouvé le conjoint idéal. Cela se sent, se devine, comme si l'instinct savait parler assez haut pour se faire entendre. Il y a une autre argumentation que celle de l'instinct dans de telles circonstances : c'est l'Astrologie. Et principalement l'interprétation du signe zodiacal de naissance de l'un et l'autre partenaire. C'est ce que nous allons étudier dans cette partie, pour ce qui concerne les natifs du Lion.

Le Lion et l'amour

Le Lion est une personnalité rayonnante. Quand il est amoureux, ce qu'il éprouve est à la hauteur de son dynamisme et de sa vitalité.

Sa dignité personnelle compte encore évidemment; mais, comme il est un personnage de goût, il ne tombe pas amoureux d'un être indigne de lui, que ce Lion soit homme ou femme.

Sa vitalité est physique autant que psychique; elle bouillonne; elle s'exprime en des élans qu'il ressent avec une grande acuité : ses aversions sont très violentes; en revanche, ses passions sont au moins aussi vives. Au cours du déroulement des diverses étapes d'une aventure sentimentale, les douleurs et les joies vont résonner en lui avec une puissance proportionnée à l'éclat de son signe natal.

On comprend mieux pourquoi il n'aime guère les demi-mesures, les liaisons où l'on s'arrête à mi-chemin, les aventures qui n'en sont pas et les relations sentimentales sans conclusion. Son amour est total, absolu, sans réserve; son désir est impératif, net, définitif et clairement exprimé.

S'il aime surtout physiquement son amour se traduit par une sorte de fête extériorisée, un flamboiement de tout son être et une espèce de délire qu'il fera partager au partenaire. S'il aime d'abord sentimentalement, il sera enivré d'un enthousiasme spirituel et, à chaque instant, chantera les louanges de l'être élu.

Quelle que soit la nature de ses sentiments, dès qu'il est amoureux le natif du Lion se met à étinceler de mille éclats, il inonde de lumière non seulement la personne aimée, mais tout son entourage. Rien ne se passe simplement et tout flirt est une très grande affaire de cœur.

L'amour de l'Homme Lion

Il faut d'abord se souvenir que le natif du Lion n'est pas un être romanesque. Chez lui, l'affectivité peut fort bien exister, dans le début d'une aventure amoureuse, mais là n'est pas sa principale caractéristique. Instinctivement, le Lion préfère rester maître de soi et ne pas se laisser troubler au plan intellectuel. Il garde « tous ses moyens » en toute occasion.

Ce qu'il préfère, dans l'amour, c'est la conquête.

Il est des cas où un natif du Lion semble chercher à abaisser la femme qu'il vient de conquérir. La situation devient pour elle parfaitement indéchiffrable. C'est parce qu'un Lion, dès qu'il n'a plus d'effort à faire, dès que la certitude est acquise que rien ne s'opposera plus à la satisfaction de son désir, ne désire plus faire le moindre effort en faveur de la femme qu'il a dit tant aimer.

Tout devient trop simple et il n'est pas tenté de communier avec l'âme de sa partenaire.

Pour rompre sa solitude ou parce qu'il pense ne pouvoir faire autrement, s'il doit vivre désormais avec la femme qu'il vient de conquérir, le Lion fera d'elle non pas l'élue qui partagera toutes ses joies et ses peines, mais un ornement de sa demeure et de sa vie, une image de ses rêves, la preuve éclatante de sa réussite.

Toutefois le Lion doit faire le sacrifice de sa propre gloire pour rester lui-même et rester fort. Le mythe d'Hercule et du lion de Némée vient de nous l'apprendre. Si le natif du Lion est capable de se dépasser, de se sacrifier en tant que glorieux conquérant et surhomme, pour chercher une force tout humaine renouvelée chaque soir dans un bonheur à deux, il s'épargnera l'attitude peu brillante du vieux solitaire, pétri de mépris pour la gent féminine.

Un tel Lion est un idéaliste, un esthète épris de perfection : il est difficile à émouvoir et à contenter, mais il peut offrir une existence unique et des merveilles d'amour à celle qui a su à ce point l'émouvoir.

Ce sont là les deux extrêmes.

Dans la vie courante, la majorité des Lion que l'on rencontre sont moins excessifs : le quotidien érode les aspérités !

Le Lion commun fait la roue comme un paon; il aime et ne doute pas une seconde que ce ne soit un honneur pour la femme élue : elle n'a, selon lui, aucune raison de lui résister. Il reste un conquérant.

La suite peut fort bien être moins excessive. Le Lion accepte généralement de se marier et de fonder un foyer. Il restera brillant et fier, mais seule sa femme saura désormais ce qu'il y a d'or pur dans ce rayonnement et de clinquant dans ces attitudes spectaculaires. Il va de soi qu'elle n'en dira rien.

Le Lion adorera parer sa femme, comme il adore orner sa maison. Pour lui rien n'est trop beau et sa femme lui appartient, n'est-ce-pas ?

La femme Lion

Pour une native du Lion, la richesse de sa personnalité constitue son bien le plus précieux : aussi n'ira-t-elle pas courir le risque de l'aliéner, en tout ou en partie, dans un amour trop simple. Il faut que la passion et l'aventure en vaille la peine. Il le faut et elle l'exprime clairement.

Elle ne peut pas aimer un être ordinaire, en tout elle choisit le meilleur, les hommes ne font pas exception à cette règle.

La femme native du Lion ne se cache pas de considérer son mariage comme une possibilité de réussite sociale; elle ne cache pas davantage le désir qui la mène de briller et de faire une belle carrière. Si sa personnalité est forte, elle voudra être supérieure à son mari, prendre pour lui toutes les décisions, être, dans le couple, l'élément moteur et se tailler la plus grande part de succès.

Sinon, elle a tout autant d'ambition, mais elle reconnaîtra que son mari est mieux doué et c'est par son intermédiaire qu'elle fera carrière. Elle fera donc tout pour la réussite sociale de son mari, agissant ainsi non pour lui, mais pour elle : elle qui ne pourrait pas supporter d'être unie pour la vie à un « médiocre », ou simplement à un homme « moyen ». Il lui faut le regard admiratif sinon de la foule, du moins de son voisinage.

Conseils aux hommes concernant les femmes natives du Lion

Madame Lion considère que le succès en amour est une chose toute naturelle. Dès la tendre enfance, elle a accaparé l'affection admirative de sa famille et rassemblé autour d'elle une bande de garçons béants d'admiration et tous éprouvant pour elle – ou pensant éprouver – une solide et brûlante passion. Comment réussit-elle ce tour de force ? En jouant sa vie comme on joue le grand théâtre classique. Les femmes seraient-elles cornéliennes ?

Adulte, madame Lion s'arrange toujours avec une science parfaite pour laisser penser, sans jamais le dire, que sa joie la plus parfaite serait de faire l'amour avec le compagnon qui se trouve près d'elle à l'instant. Mais, l'instant suivant, un autre aura la même impression.

Lorsque la romance a, enfin, commencé, madame Lion est passionnée, démonstrative, volontaire, bref, irrésistible. Elle attend de son partenaire une grande admiration clairement exprimée. Elle attend de lui aussi l'inspiration : il doit exciter son imagination, ses pensées, ses rêves. Cette activité mentale est pour elle déterminante. S'il ne réussit pas à susciter une activité cérébrale intense et plaisante, il peut se préparer à une rupture. Sans explication, elle lui signifiera qu'il a cessé de plaire et le partenaire ainsi congédié pourra se poser des questions pendant le reste de sa vie. La réponse était aussi simple que cela.

Cette facilité à « laisser tomber » les partenaires qui ne la satisfont pas fait que madame Lion passe pour n'avoir point de cœur. Ne tentez aucune approche, monsieur, si vous n'êtes pas disposé à trouver bien tout ce qu'elle fait, dit et pense.

Mais elle ne manque pas de sentiment. Au contraire, elle passe souvent une grande partie de sa vie à chercher le grand amour car elle ne supporterait pas de vivre dans la solitude et le cœur vide.

Le cherchant ardemment, elle découvre enfin le seul, l'unique, l'homme de sa vie. Alors, il faut désormais que leur union soit la perfection même; plus que la perfection : un sommet, une gloire sans égale.

Cette ambition est extrêmement dangereuse pour l'époux. Il ne sait pas, au moment du mariage, à quel avenir il doit s'attendre. Ce n'est pas une tâche facile que de réussir le meilleur mariage du monde.

Pour madame Lion, l'union doit être d'abord d'une perfection enivrante sur le plan physique et, ce niveau atteint, elle refuse généralement de redescendre sur terre. Comme elle est bien forcée d'y revenir, le temps des désillusions vient avec le calme de la vie journalière. Parfois elle tente une reconversion en reportant sa passion sur ses enfants qu'elle idolâtre. C'est le meilleur cas.

Autrement, elle cherchera près d'un amant les ascensions vertigineuses qu'elle ne réalise plus avec son mari. Parfois, il lui arrive de rester sage et raisonnable, et, jour après jour, elle s'efforce de faire de son mari l'amant exemplaire et exceptionnel dont elle a toujours rêvé.

Certaines femmes du Lion sont aussi plus raisonnables. Elles tentent très sincèrement une merveilleuse union d'esprit et de corps avec leur mari et font leur possible pour y parvenir. Elles réussissent parfois, parce qu'elles s'y efforcent et parce qu'elles sont douées, à susciter les sentiments exaltés dont elles ont toujours rêvé et, se rendant compte de leur chance d'avoir près d'elles un mari aussi exceptionnel, elles éprouvent le plus grand bonheur et une satisfaction merveilleuse. L'union est alors totale et elle fortifie la loyauté de madame Lion; une native du Lion est d'ailleurs foncièrement loyale.

Conseils aux femmes concernant les hommes natifs du Lion

Monsieur Lion se présente à vos yeux comme un être puissant, indolent, dominateur et brillant.

Comme le signe du Lion donne des tentations de régenter tout l'entourage, et comme ce n'est pas la mode, monsieur Lion va sublimer de telles aspirations en étant au-dessus des autres dans sa carrière professionnelle, même si cela l'oblige à veiller tard, à faire des heures supplémentaires et à se sentir toujours en activité.

Il dédaigne le danger, tous les dangers. Dans la vie d'aujourd'hui, ces dangers sont surtout dans le surmenage qui conduit à l'infarctus. Le Lion, à tort, dédaigne cette menace, ce qu'il paie parfois très cher.

Il veut être aimé de la façon dont il aime. C'est l'homme qui dit « Laisse-moi faire » à sa femme et qui se charge de tout parce qu'il se sent fort. Ainsi va-t-il l'impressionner par sa force et sa générosité.

Il est un amant très passionné, et puis, quand la première flamme s'est éteinte, il comble sa femme de cadeaux. En retour, il faut qu'elle lui adresse mille compliments sur ses qualités d'amant, de mari, d'homme d'affaires, d'époux, de père, etc., etc.

Il dirige. Il agit. Il faut qu'on le suive. Dans sa petite tribu, il faut qu'il soit véritablement un chef.

Et puis, fatigué, il se repose bien au chaud : au soleil l'été, devant le feu l'hiver, et il ronronne comme un bon gros félin qu'il est. C'est le moment où il a renoncé à ses défenses et où sa femme et ses enfants ont accès à sa bonne volonté. C'est le moment de présenter requêtes et suggestions. Comme il se sent paresseux, il préfère accorder ce qu'on demande plutôt que s'efforcer de lutter.

La sexualité du Lion

Le Lion considère les relations sexuelles comme un événement capable de faire table rase pour mieux reconstruire ensuite.

L'élément sexuel de la vie est inclus dans les attributions de la Maison V, déterminante pour le Lion. Elle est sous l'influence du Sagittaire, donc en correspondance avec la planète Jupiter, qui gouverne le Sagittaire. Jupiter et le Soleil, cela donne un résultat assez impressionnant. Les relations amoureuses susciteront au moins de grandes espérances, même si elles demeurent virtuelles.

Pour le Lion, qui est un « perfectionniste », les relations sexuelles ne sont intéressantes que si le partenaire répond aux espoirs mis en lui. A la première déception, les relations sexuelles perdent tout intérêt et un Lion peut rompre une liaison commencée dans la passion avec une sécheresse toujours imprévue et pénible pour le ou la partenaire.

Le natif du Lion est toujours tourmenté par la crainte de ne pas réussir. Toutes les activités créatrices l'intéressent et les rapports sexuels en font partie. Mais qu'on ne s'y trompe pas : le Lion a besoin autant d'amour que de tendresse. Excellents aux jeux de l'amour, les Lion tiennent à soigner les préludes jusque dans les moindres détails. Souvent, on les trouve longs, pendant ce temps préparatoire. Longs et trop zélés, car il arrive que, sur un terrain trop bien préparé, on n'ait plus la force de semer.

Le Lion est impulsif et impétueux en amour. Il est attirant, mais il n'en est jamais assez certain et, dans l'acte sexuel, ce qu'il cherche surtout, c'est à s'assurer l'amour de son partenaire. Il peut se satisfaire des témoignages qu'il reçoit : il est assuré de son charme personnel, mais c'est un pis-aller; il lui faut passer aux actes. J'irai même jusqu'à dire que trop de facilité n'est pas un adjuvant; il préfère devoir poursuivre que recevoir. Et, quand il persévère, il est tellement amoureux et désireux de le faire savoir qu'il est brillant comme le soleil, généreux à la folie, ardent et passionné : inoubliable.

Il n'échoue que rarement. Il doit ses succès à son intelligence. C'est un cérébral : l'intellect a toujours un rôle dans ses gestes. En particulier, il manifeste toujours une grande considération pour l'intelligence de sa partenaire. S'il lui arrive de casser net une aventure, sans prendre la peine de donner la moindre explication, c'est qu'une erreur a été commise. Sa déception est alors irrémédiable. Un Lion se donne à des êtres intelligents. Sinon, il s'en va.

L'attirance qu'un natif du Lion éprouve pour une personne naît généralement de l'admiration qu'il conçoit pour l'intelligence de sa partenaire.

Les autres motivations ne viennent qu'après.

Cela résulte de la présence de Jupiter en Maison V.

Lorsque le Lion ne trouve pas cette intelligence qu'il avait cru déceler chez sa partenaire, s'il ne rompt pas immédiatement, il se laisse aller à l'esprit de domination. Il agit comme s'il voulait réduire la partenaire en servitude. Il la considère alors comme une chose pour laquelle les égards sont inutiles, car, une chose, cela ne comprend pas.

Ce qui plaît au Lion, c'est un partenaire dont il puisse estimer les qualités intellectuelles et qui, de plus, possède beaucoup d'autres qualités. Mais il se trouve que les Lion n'attirent généralement pas ce genre de personnes. Il existe contre eux une sorte de mauvais hasard qui leur fait rencontrer surtout des êtres aimant ou souhaitant être dominés. La rupture est alors fréquente et la quête recommence. C'est un cercle infernal dont un Lion a beaucoup de peine à sortir s'il tient à une union avec une femme à la fois charmante et intelligente. Beaucoup de natifs du Lion se voient obligés d'accepter des demi-satisfactions, comme si la chance était contre eux.

Dès la prime jeunesse, le Lion a été intéressé et attiré par les affaires de cœur. Il les regardait alors comme du « point de vue de Saturne », c'est-à-dire réellement du dehors.

Ce n'est que lorsqu'il a réellement atteint l'âge adulte qu'il considère que de telles aventures le concernaient vraiment et qu'il a réellement participé à l'action. Mais le drame lui plaît toujours.

Cet esprit immature avec lequel il se regarde vivre comme on assiste au spectacle, lui nuit. Lion, vous devez en être conscient et abandonner cette attitude qui risque de vous faire manquer votre existence affective et amoureuse.

Il faut absolument que vous sentiez que vous êtes vous-même un des acteurs de cette pièce, et non un simple spectateur.

Hommes et femmes du Lion fondent les plus grands espoirs sur l'amour. L'appel sexuel n'est pas un vain mot pour eux et, quand ils rencontrent un partenaire qui les intéresse, on les voit briller comme si une lumière intérieure venait les éclairer pour attirer l'attention de l'heureux élu.

Les hommes et les femmes nés sous le signe du Lion aspirent toute leur vie à être aimés. Ils consentent à beaucoup de sacrifices pour y arriver et ils n'ont pas tort. Leur seul défaut, c'est d'être trop exigeants.

En matière de sexualité, comment atteindre le bonheur si, au cours des entretiens, nos Lion passent le plus clair de leur temps à se montrer toujours les meilleurs, toujours supérieurs aux autres ?

Pourquoi les Lion n'acceptent-ils pas d'être tout naturellement eux-mêmes, tels que la nature et quelques-unes de leurs expériences les ont faits, et de se relaxer gentiment et simplement dans les bras d'une personne du sexe opposé ?

Les Lion adorent placer les gens sur un piédestal. Dès qu'ils sont amoureux, ils commencent l'édification de ce monument. Il arrive cependant que ce piédestal soit élevé si haut que personne ne puisse plus voir celui qu'ils y placent. Eux-mêmes le perdent de vue. Un jour, ils remarqueront que leur partenaire est simplement humain, qu'il est fait seulement de chair et de sang et qu'il ne sort pas de l'ordinaire, ou si peu. C'est un choc terrible. C'est pourquoi il faudrait que les natifs du Lion tentent de corriger en eux cette habitude et apprennent à laisser les gens à leur niveau. C'est déjà très bien de les avoir remarqués. Il n'est pas nécessaire que vous alliez vous fabriquer des idoles avec de simples humains. Naturellement, une déception vous guette. Tandis que, si vous laissez les gens où ils sont, vous irez peut-être de plus en plus haut ensemble.

Le Sagittaire dans la Maison V du Lion

Dans cette Maison V habite le Sagittaire. Il provoque chez le Lion le besoin de l'amour physique, l'attrait de la sexualité.

Un Lion en a besoin. Il est chaleureux, il lui faut des attentions, des soins, de la tendresse. Il ne peut pas vivre dans la solitude du cœur.

Quelle que soit son attitude et même si, parfois, elle semble le fruit d'un manque total de cœur, elle est trompeuse. S'il réfléchissait à ce qu'il fait et s'il se rendait compte des réalités, un Lion donnerait sans cesse des preuves du prix qu'il attache aux relations affectives et aussi aux relations sexuelles. Mais il lui semblerait déchoir s'il se montrait tel qu'il est. Alors, il monte sur un podium et fait quelques démonstrations de force. Le héros devient l'« Hercule sur la place ».

En réalité, cette image que donne de lui-même le Lion est faussée par son impulsivité et par une sorte de rage qui le prend de tout gâcher bêtement.

Le Lion doit savoir qu'il est attirant, qu'il est recherché et qu'il sait faire l'amour, pour dire les choses simplement et clairement. Une fois qu'il sait cela, il n'a plus besoin de se montrer cynique et versatile. Ce sont des traits qui ne lui appartiennent pas; en fait, il est tout autre.

Il peut très bien être aimé, très aimé, pour lui-même. S'il craint la solitude, il n'a qu'à corriger les défauts qui lui sont signalés ici. Il faut, naturellement, qu'il les admette d'abord, et qu'il ne s'entête pas à les nier.

Les natifs du Lion sont surtout attirés par l'humour associé à l'intelligence. Il serait intéressant, pour eux, de rechercher des natifs des Gémeaux comme partenaires, en amour. Car ceux-ci ont les qualités qu'ils recherchent. Et, si nos Lion apprécient un certain mystère, ils peuvent s'adresser à un Cancer qui n'en manque pas et qui est très attentif et très affectueux.

Avec la Balance, le Lion trouvera des personnalités pleines de gentillesse et de compréhension. Pour un Lion timide ou compliqué, rien de mieux que l'égalité d'humeur de la Balance.

Un Lion craint de se retrouver un jour tout seul, alors qu'il rêve de fonder un foyer et qu'il sait déjà comment il gâtera et habillera sa femme. Mais il ne dit pas le fond de sa pensée et il faut le séduire avant de savoir où il vous conduira. Cependant, cette horreur de la solitude devrait l'inspirer. Par exemple, il peut tenter sa chance avec un Bélier s'il souhaite un partenaire intelligent, dynamique et doué pour le bonheur.

Il n'a donc que peu de risques de rater sa vie sentimentale et les problèmes sont en lui-même. C'est lui seul qui peut y remédier et les résoudre. Pour cela, la méthode la meilleure que l'on puisse lui conseiller, à lui qui se sent parent du Soleil, c'est la plus grande et la plus naturelle simplicité et aussi une imagination suffisante pour se mettre, de temps en temps, à la place de ses partenaires; il verra alors qu'il peut souhaiter toute sa vie construire un foyer heureux, personne ne s'en doutera s'il ne le laisse pas entendre, car pourquoi le penserait-on en le voyant congédier sèchement des partenaires pour la seule raison qu'ils ne sont pas aussi brillants que lui ?

Il faut reconnaître qu'un natif du Lion n'est pas un être simple, qu'il n'est pas facile à déchiffrer et qu'il n'est pas aussi invincible que la légende voudrait le faire croire. Souvent les « types mixtes » troublent le jeu naturel des influences astrologiques.

Mais quoi ? Faut-il souhaiter une plus grande simplicité ? Où serait le charme ? Et pour ceux qui prétendent que l'amour s'éteint quand on connaît à fond son partenaire, il reste l'espoir qu'ils ne connaissent jamais à fond un Lion.

◄ *Éric Tabarly.* *Fidel Castro.*

Vishnou au visage de lion. Manuscrit indien du XVIIIe siècle.

Chapitre II

Monsieur et madame Lion face à un natif d'un autre signe

« Le bonheur, c'est d'être seul. »
PAUL LÉAUTAUD.

Voilà maintenant une étude qui ne laissera aucun Lion indifférent. En effet, quand il s'agit de s'unir pour la vie, et, comme on dit, « pour le meilleur et pour le pire », on aimerait bien que le meilleur dure toujours et que le pire s'abstienne de se manifester. Il n'y a pas de choix plus délicat que celui d'un époux ou d'une épouse.

Si l'Astrologie peut donner d'utiles indications pour les natifs de chaque signe, en les prévenant des tendances que leur imposent les constellations influant sur leur destinée, comment ne serait-elle pas en mesure de guider chacun de nous dans le choix du compagnon, de la compagne de toute une vie, plus encore du père ou de la mère des enfants que l'on aura ?

On se demande si l'on aimera, si l'on sera aimé. On est disposé à laisser le hasard guider un choix que l'on considère comme une aventure sentimentale, et on oublie trop souvent que des enfants vont naître d'une union formée parfois au hasard. Quand tout craque, dans quel état d'esprit se trouve-t-on en présence d'enfants que l'on aime, parce que c'est la nature qui le veut, mais dans lesquels on risque de découvrir, quand ils grandissent, des défauts qui sont nés au moment de la rupture entre le père et la mère ?

L'aventure sentimentale est une chose, le mariage en est une autre, et beaucoup plus sérieuse.

S'engager soi-même est simple : engager des enfants, de futurs enfants, qui un jour poseront des questions et demanderont des comptes, c'est beaucoup plus grave.

Ici, justement, l'interprétation des signes du Zodiaque et de leur influence sur les natifs de ces signes rend de grands services. On peut facilement connaître la date de naissance d'un partenaire et définir ainsi quel est le signe qui gouverne sa vie, ce qui permet de mieux le comprendre et de mieux s'accorder avec lui. C'est ainsi que, pour le natif du Lion, son portrait sentimental, qui fait l'objet du précédent chapitre, explique ses réactions dans certaines circonstances.

S'il est question de mariage, on sait ce que l'on doit penser et à quoi on peut s'attendre. Chacun des signes du Zodiaque donne à ses natifs une personnalité intéressante, mais les affinités ne sont pas toutes aussi grandes d'un signe à l'autre.

Ce sera l'objet du présent chapitre.

Nous commencerons par le couple formé par deux natifs du Lion. Ensuite nous verrons les couples formés par les natifs du Lion avec les natifs des autres signes. Mais ce que nous ne pouvons pas faire, parce que la place est mesurée, et parce que l'énumération serait fastidieuse, c'est de considérer les types mixtes du Lion un à un face aux autres types mixtes... Cependant, si l'on connaît son ascendant, et l'ascendant du partenaire, on pourra utilement se rapporter à la description du type mixte auquel il appartient et de celui auquel on appartient soi-même, et compléter ainsi notre exposé.

Madame Lion devant monsieur Lion

Vous n'ignorez pas que monsieur Lion est un être compliqué, pour qui tout doit être supérieur au commun, et qui voit la vie sous un éclairage très intense, très brillant. Cette lumière solaire souligne trop bien les imperfections pour qu'il se permette de les négliger. Monsieur Lion exige la perfection.

Un monsieur Lion ne saurait se contenter de ce que tout le monde trouve bien; il lui faut mieux encore, toujours mieux, car il est il est lui-même exceptionnel. C'est du moins ce qu'il semble penser.

Pour attirer et retenir son attention, madame Lion doit être un petit peu excentrique. Pas trop, mais assez pour qu'il sente son intention; elle peut se faire remarquer en passant outre à certaines conventions généralement admises dans la société, mais sans excès et sans faute de goût. Car il faut aussi, pour plaire à monsieur Lion, que sa compagne soit très bien habillée, qu'elle apprécie la bonne nourriture et qu'elle se laisse volontiers convrir d'éloges admiratifs. Une trop visible modestie ne serait pas un bon point.

Madame Lion devinera tout de suite que monsieur Lion est romanesque. Elle devra en tenir compte et accepter d'interpréter le rôle qu'il lui fera jouer avec le maximum de naturel et, si possible, de sincérité.

Elle sait aussi, parce qu'elle est née sous le même signe, qu'un Lion est égoïste. Quand il l'aimera, il l'aimera pour lui-même plus que pour elle-même. Aussi, comme madame Lion a les mêmes buts, trouvera-t-elle parfois son compagnon un peu exaspérant. Il faudra bien qu'elle s'y fasse, puisqu'elle souhaite l'épouser. Elle doit savoir que, s'il est égoïste, elle fait partie de lui-même et elle bénéficiera donc des avantages qu'il s'accordera. Une excellente méthode consiste à le rendre fier d'elle. Par exemple, si elle porte élégamment les premiers colifichets qu'il lui offrira, il conservera le goût de parer sa femme et de la montrer comme un élément de sa propre réussite, de son propre bonheur.

Pour qu'il se rende compte de son intelligence, car

rien ne l'agace comme la nullité intellectuelle, madame Lion lira des revues et des livres nouveaux afin de pouvoir toujours briller dans la conversation et même dans le tête-à-tête avec son royal époux. Elle saura lui dire des mots d'esprit et ils seront très heureux d'en rire ensemble.

Ardent et romanesque, monsieur Lion est un jaloux. Il ne faut pas donner prise à ses soupçons. Il faut avoir pour lui beaucoup de ces attentions qui touchent. Il y sera sensible, cela ne se verra pas, mais madame Lion est assez fine pour le deviner.

Monsieur Lion est théâtral et il déteste qu'on le soit. S'il vous chagrine, un simple soupir léger, mais qu'il puisse entendre, vaut mille fois mieux que des sanglots; une trace impalpable de fard suffit, le maquillage ne lui plaît pas; un sourire complice le charme plus qu'un éclat de rire.

Monsieur Lion devant madame Lion

Madame Lion appréciera au plus haut point que monsieur Lion lui déclare qu'elle est belle. Dites-lui beaucoup d'autres choses sur elle-même, car elle adore qu'on lui parle de sa personne. Comme elle aime un peu de mystère, profitez-en pour parler de vous le moins possible. Cela ne vous est pas facile, mais c'est un effort qui est toujours payant... même chez les natifs des autres signes !

Puisqu'elle adore qu'on fasse attention à elle, vous aurez un sujet de conversation tout trouvé : dites-lui les lignes de la main. Expliquez-lui son horoscope. Et si vous voulez gagner son cœur très vite, montrez-lui que vous ne la placez pas dans la foule anonyme : un petit signe de reconnaissance connu de vous deux seulement et que vous ferez en public; un mot, une allusion qu'elle sera seule à comprendre, et vous serez devenu l'être le plus spirituel.

Sa fierté et son ambition, c'est d'être en compagnie d'un homme que tout le monde admire : avec elle, et en public, soyez royal. Cela vous est si facile.

Sur le plan sexuel, elle a toutes les qualités que vous souhaitez, mais elle ne tient pas à des allusions trop directes; il faut faire votre cour. L'amour fait partie de sa vie. Les cadeaux ont pour elle une valeur toute particulière. Pliez-vous à ces caprices. Madame Lion en vaut la peine.

Madame Lion devant monsieur Bélier

Le Bélier est lié à la maison du Lion relative aux voyages, à la philosophie, aux publications et aux communications.

Ces deux signes sont en parfait accord.

L'union de madame Lion avec monsieur Bélier représente l'originalité, l'indépendance, une nouvelle vue des choses. La planète Mars du Bélier avec le Soleil qui gouverne le Lion précipitent les décisions, accentuent l'activité du couple. Il faut donc avant tout, sachant la rapidité des décisions du Bélier, que madame Lion définisse en elle-même dans quel sens elle souhaiterait agir, dans quelle direction elle voudrait aller.

Il existe entre eux une attirance physique certaine, mais monsieur Bélier ne réfléchit pas, il se lance dans l'action. Ce sera le rôle de madame Lion de freiner et de penser sérieusement à ce qui va se passer avant de donner à son Bélier un feu vert pour la vie conjugale. Cette tendance de monsieur Bélier à foncer tête baissée pourrait être une source d'erreurs.

Monsieur Bélier est un être plein d'idées qu'il lancè sans les creuser et parfois sans les exploiter. Madame Lion pourra le soutenir, l'aider à poursuivre ses initiatives et à les mener à bon terme.

Le Bélier convient parfaitement à madame Lion

La Dame de Lion, *par le Maître des cartes à jouer. Stuttgart, 1466.*

mais le jaillissement permanent d'idées neuves et son agitation perpétuelle la fatiguent. Elle ne doit pas le montrer et tout faire pour « tenir le coup ». Peut-être faudrait-il que madame Lion absorbe un supplément de vitamines pour que son Soleil soit à la hauteur du Mars de son Bélier !

Le rôle de monsieur Bélier dans la vie de madame Lion n'est pas d'épuiser ses forces. Au contraire, il tient à elle. Ce rôle sera, par prédestination, de l'aider à s'exprimer, c'est-à-dire que, dès qu'elle a une idée, dès qu'elle a une initiative, il l'aidera à l'extérioriser, à l'exposer, à la mettre en valeur. Mais c'est elle, ensuite, qui continuera la tâche. Car monsieur Bélier aime bien commencer, mais continuer l'ennuie; il a déjà trouvé plusieurs autres idées à lancer pendant le temps qu'il aurait dû consacrer à exploiter la première.

La carrière qui semble être la plus favorisée par l'union Lion-Bélier est celle de la publicité.

Que madame Lion veuille bien, simplement, se souvenir de ses points faibles en matière de santé et qu'elle sache se réserver le temps de souffler entre deux inventions de son Bélier. Mais que tous deux se rassurent : ils sont faits pour s'entendre.

Monsieur Lion devant madame Bélier

Monsieur Lion est le type d'homme que madame Bélier souhaitait rencontrer. L'un et l'autre, s'ils sont des personnalités supérieures, voudront imposer leurs idées et leur idéal non seulement à leur proche entourage, mais aussi à leurs relations et à leurs camarades de travail. Ils sont l'un et l'autre taillés pour être des chefs. Leur influence pourrait bien dépasser même le cadre privé pour atteindre la ville, la province et le pays.

S'il ne s'agit pas de la propagation d'un idéal, cela pourrait devenir une entreprise de publicité.

Il faudrait que monsieur Lion accepte d'être moins adulé qu'il ne le souhaite habituellement, car madame Bélier, peut-être, ne jouera pas ce jeu; elle est, en effet, très aimante et, entre eux, aura peut-être éclaté un vrai coup de foudre; mais madame Bélier préfère être devinée; elle n'est pas démonstrative, ni en paroles ni en gestes.

Si monsieur Lion ne reçoit pas de madame Bélier les compliments dont il ne peut se passer, qu'il fasse un effort pour se contenter de ce qu'elle lui laisse deviner de ses sentiments, car s'il s'adresse à quelqu'un d'autre pour recevoir son lot d'adulations, madame Bélier n'aimera vraiment pas du tout cela.

Madame Lion devant monsieur Taureau

Il ne semble pas, *a priori*, qu'un monsieur Taureau soit le partenaire rêvé pour madame Lion. Diverses incompatibilités les éloignent l'un de l'autre; mais l'amour peut faire de bien belles choses et, qui sait ? ces deux-là vont peut-être s'adorer.

Leur union ne sera pas de tout repos, ce qui n'implique pas forcément qu'elle ne sera pas heureuse.

Ce qui étonnera madame Lion, c'est la simplicité de monsieur Taureau. Elle le trouvera terre à terre et pensera qu'il est trop lent, alors qu'elle adore aller plutôt vite. Pourquoi l'a-t-elle aimé ?

Elle-même ne le sait pas; un soir de découragement, sans doute, aura-t-elle été séduite, peut-être par sa voix ? Il est très intéressé par le tiroir-caisse et madame Lion aime la dépense. Chacun d'eux est certain que son propre point de vue est le seul valable. On ne voit guère là l'occasion de s'épanouir ensemble.

Heureusement, sur le plan sexuel, ce couple s'entendra bien. L'un et l'autre sont doués sur ce chapitre bien que monsieur Taureau soit un peu lent, possessif et jaloux.

Madame Lion ne se prive pas, de son côté, d'être aussi possessive et jalouse. La paix, du moins apparemment, ne semble pas devoir souvent venir s'asseoir à ce foyer !

Madame Lion devra donc calmer sa jalousie; d'ailleurs, cette jalousie ne s'adresse qu'aux flirts trop visibles. Elle n'est pas jalouse de ses beaux-parents, de ses frères et sœurs ou de la carrière de son époux.

Monsieur Taureau tient beaucoup à sa carrière et sa femme doit faire des concessions sur ce point : il est très absorbé par son travail et, même en dehors des « heures de service », il arrive qu'il ne pense qu'à ça. Raisonnable, elle sait que, si elle veut briller, il faut bien que son mari gagne l'argent nécessaire à ses toilettes et à cette belle maison que l'un et l'autre sont heureux de posséder et d'entretenir confortablement, éventuellement à la voiture et à la résidence secondaire, ce qui, comme on sait, constitue les signes extérieurs de la réussite sociale.

Monsieur Taureau autant que madame Lion apprécie la considération de son entourage. Ils aiment l'un et l'autre occuper un rang enviable dans le milieu où ils vivent et, pour y parvenir, sont d'accord pour consentir quelques sacrifices.

Un autre point commun les unit solidement : l'amour des enfants.

Madame Lion sera très utile à monsieur Taureau en lui apportant des idées nouvelles plus brillantes que celles qu'il conçoit lui-même. Elle le trouve un peu simple, il la trouve un peu sophistiquée, mais ils finiront leurs jours ensemble, dans une belle et confortable demeure où leurs enfants viendront souvent leur rendre visite.

Monsieur Lion devant madame Taureau

Monsieur Lion, qui est fort, puissant, viril, et qui en est fier, tombera facilement amoureux d'une femme Taureau dans laquelle il appréciera la féminité, l'élégance et le talent pour tenir un intérieur simplement avec un goût inné. Si madame Taureau a, dans sa personnalité, des traits qui ne plaisent pas à monsieur Lion, il aura l'élégance de n'en rien dire, ni rien laisser paraître. Le seul fait de l'avoir choisi suffit à le magnifier. Monsieur Lion, en effet, a une certitude : celle de ne jamais se tromper !

Il paraîtra un peu affecté dans ses façons d'être royal à l'égard de madame Taureau qui n'aime rien tant qu'une aimable simplicité; mais que c'est donc peu de chose : il lui suffira de lui dire qu'elle le trouve merveilleux et il ronronnera avec toute la puissance solaire qui l'anime.

Avant même que madame Taureau ait su qu'elle acceptait d'épouser monsieur Lion, ce dernier l'aura conduite à l'autel et tout sera terminé. Car il est plus rapide qu'elle, qui doit réfléchir deux fois avant de se demander s'il est opportun d'agir.

Elle sera très heureuse d'avoir un mari qui reste véritablement un amant pour peu qu'elle sache lui exprimer son amour, et le couple vivra dans le bonheur malgré ses dissonances.

Madame Lion devant monsieur Gémeaux

Voilà un couple heureux et exaltant !

Madame Lion adore qu'on lui parle d'elle; monsieur Gémeaux s'exprime avec facilité, variété, joie et persuasion sur tous les sujets qu'on lui propose. La perspective ne semble pas désagréable.

Monsieur Gémeaux est un intuitif et, d'emblée, il aura saisi le caractère de sa compagne. Il saura dire les mots qu'il faut pour se l'attacher comme un gentil caniche. Il lui versera délicatement des phrases subtiles dont elle va faire ses délices, avec des mines de petit chat qui se régale de crème fraîche.

Elle aime les distractions, les mondanités et les amusements : il les adore. Quel couple « dans le vent » ils peuvent faire !

Vous serez heureuse de cette rencontre et vous allez peut-être décider de vous marier avant de bien vous connaître. En effet, vous, madame Lion, apprécierez l'entrain et la jeunesse de monsieur Gémeaux qui, de son côté, ne devinera pas ce qui se cache en vous de fier, de vaniteux parfois, et ce besoin d'être admirée que vous avez constamment. Il ne sait pas encore ce que vous allez lui coûter !

Madame Lion, qui aime la grandeur et l'éclat, projettera tout de suite d'organiser leur existence sur un grand pied, par rapport à leurs situations respectives de célibataires. Son étonnement commencera à l'instant où elle découvrira beaucoup de cérébralité dans l'amour de monsieur Gémeaux. Pour lui, l'amour physique ne vient qu'au second rang et son cœur se tient modestement au troisième rang.

Madame Lion sera peut-être trop fière, trop honnête pour user de menues ruses en vue de préserver l'humeur optimiste de son compagnon. Elle sera certaine que sa loyauté et son amour suffiront à lui faire apprécier la chance qu'il a d'être l'époux d'une telle personne. Mais il est toujours prêt à s'en aller et, contrairement à son espoir, madame Lion devra se donner beaucoup de mal pour le garder près d'elle. Un Gémeaux, sous l'influence de Mercure, planète qui gouverne ce signe, est tenté de se déplacer tout le temps. Ce qui retiendra le mieux monsieur Gémeaux près de madame Lion, plus que ses menues coquetteries, sera la manière dont elle fait l'amour et son intelligence, qui est brillante.

Madame Lion devra donc consacrer toutes ses forces

à retenir près d'elle un monsieur Gémeaux que parfois elle considère d'un œil attendri comme un curieux enfant joueur. Mais qu'elle ne le lui dise pas !

Monsieur Lion devant madame Gémeaux

Tout le monde sera tenté de dire à monsieur Lion, quand on le saura amoureux d'une madame Gémeaux, qu'elle n'est « pas assez bien pour lui» ». Ces commentaires vont probablement les accompagner tout le long de leur vie conjugale.

Monsieur Lion est doté d'une forte volonté, c'est dire qu'il ne va pas se soucier de l'opinion de quelques commères. Il sait ce qu'il veut et il sait aussi, du moins en est-il persuadé, qu'il a raison. Quant à madame Gémeaux, elle va se laisser emmener où monsieur Lion décidera de l'installer. Elle sait qu'il a de la valeur et que ses défauts ne sont pas profonds.

Monsieur Lion adore entendre des louanges. Il oubliera parfois de complimenter sa femme, mais comme elle sait très bien ce qu'il convient de faire, son intuition, qui n'est jamais en défaut, alimentera son talent oratoire et monsieur Lion sera royalement servi en fait d'éloges. Si c'est ce qu'il demande pour être heureux, il sera au paradis.

Son bonheur sera tel qu'il permettra à madame Gémeaux d'avoir des idées personnelles et, parfois même, acceptera-t-il de les suivre. Il se sentira alors si indulgent, si compréhensif, que cela doublera son bonheur.

Il la trouvera capricieuse, elle le trouvera orgueilleux. Et, néanmoins, les angles s'adouciront et le couple ne sera pas malheureux.

Roi et Reine. *Bronze de Henry Moore, 1952-1953.*

Madame Lion devant monsieur Cancer

Monsieur Cancer n'est pas facile à déchiffrer pour une femme Lion. Mais, si elle veut bien s'en donner la peine, elle découvrira, sous une apparence rugueuse et taciturne, une sensibilité exquise. Elle le trouvera séduisant et son cœur en sera tout troublé. Rien ne pourra l'avertir des ennuis au-devant desquels elle ira. En effet, elle est d'un signe gouverné par le Soleil; il est d'un signe gouverné par la Lune. Cela crée une opposition qui risque de leur susciter beaucoup de difficultés.

Monsieur Cancer est un romantique idéaliste qui souhaite par-dessus tout entourer la femme qu'il aime de beaucoup de soins. Il tient à veiller sur elle. Mais elle est active, expansive et, même si elle a aussi sa dose de romantisme, il se peut que les attentions de monsieur Cancer la contrarient et l'irritent.

Monsieur Cancer, en matière sexuelle, est un amant délicat et très attentif. Il prendra plaisir à explorer madame Lion centimètre par centimètre et sa sensibilité est assez vive pour qu'il devine à quel moment il convient de s'arrêter pour ne pas irriter sa compagne. Il pratique l'amour avec beaucoup de fantaisie et madame Lion n'a pas besoin de s'exprimer clairement quand elle souhaite le voir se livrer à toutes ses excentricités amoureuses et quand elle estime être satisfaite.

Il faut que madame Lion sache à l'avance qu'en épousant un Cancer elle épouse toute sa famille, sa maison et sa région natales. Il est fort heureux qu'elle soit sociable, car tous ceux qui ont participé à l'enfance de monsieur Cancer seront les hôtes assidus de leur foyer et madame Cancer devra faire une mine souriante aux anciens petits camarades devenus grands, et aux ex-charmantes cousines non épousées. Elle le fera volontiers, pourvu qu'elle se sente brillante.

Les visiteurs repartis, il faudra que madame

Lion écoute patiemment et en montrant un vif intérêt toutes les petites histoires de ces gens-là, car ils sont essentiels à la sérénité de monsieur Cancer.

Se confier à elle, lui dire son enfance, lui parler de sa mère, c'est la plus grande marque d'estime et d'amour que monsieur Cancer puisse donner à son épouse. Il faut qu'elle l'accepte pour ce qu'elle est et, si elle refuse de s'intéresser à cette famille qui lui reste étrangère, il est préférable qu'elle ne le montre pas car monsieur Cancer en serait très affecté . Comme il est extrêmement sensible, il tomberait réellement physiquement malade. Ce que madame Lion ne voudrait pour rien au monde provoquer. Il lui suffit alors de bien jouer son rôle de maîtresse de maison, de laisser parler tout ce petit monde et, ensuite, de complimenter son époux. Une nuit à deux et il n'y paraîtra plus...

Monsieur Lion devant madame Cancer

Madame Cancer est sous l'influence de la Lune et monsieur Lion sous celle du Soleil. Ils vont avoir du chemin à faire pour se rencontrer et pour s'accorder.

Si madame Cancer aspire à une liaison au cours de laquelle elle se sente en mesure de donner du bonheur et prête à en recevoir, elle pourra, en croisant la route de monsieur Lion, tomber amoureuse de lui.

Monsieur Lion devra, sous les aspects réservés de madame Cancer, découvrir une sensibilité très grande et une humeur très versatile. On ne s'étonnera pas d'apprendre que madame Cancer est lunatique.

Madame Cancer cherche inconsciemment un homme qu'elle puisse aider, car elle est maternelle. On peut donc trouver étrange son union avec un Lion. Mais elle a rencontré en lui un être passionné, avec un grand cœur plein d'amour, et elle se sent capable de devenir pour lui la femme idéale. Son instinct maternel trouvera à s'employer en accueillant monsieur Lion dans un foyer chaud et confortable. Elle prendra soin de lui, sachant qu'il aime qu'on lui dise qu'il est beau. Elle lui réchauffera le cœur.

Monsieur Lion sera heureux, mais il dépensera son argent sans compter.

Madame Lion devant monsieur Vierge

Monsieur Vierge est un peu emprunté dans les réunions mondaines et il sera ébloui par le brio avec lequel madame Lion l'entourera d'éloges et fera sa conquête. Il se laissera facilement conquérir.

Il sera flatté d'inspirer de l'amour à une personne aussi brillante. De son côté, que pensera-t-elle en découvrant que l'amour de monsieur Vierge est plus près de l'affection que de la sexualité ?

Toutefois il sera le bienvenu dans la vie de madame Lion parce qu'il a beaucoup de sens pratique et qu'il sait fort bien travailler de ses mains.

Avec monsieur Vierge, madame Lion sera entraînée à prendre les questions d'argent en considération. Il appréciera beaucoup la pointe de luxe qu'elle parvient à mettre dans son intérieur, quel qu'en soit le niveau social; mais, marié, peut-être lui arrivera-t-il de penser que son épouse fait des dépenses excessives ?

Quant à elle, qui admirait son adresse, quand elle l'aura vu bricoler pendant des années elle commencera à trouver qu'il ne va pas assez vite et qu'il est trop méticuleux.

Ce ne sont pas de véritables nuages car il n'y a pas de véritable incompatibilité entre eux.

Monsieur Vierge appréciera beaucoup madame Lion, mais ce qu'elle ne comprendra pas c'est sa manie de lui signaler toutes ses erreurs dans le but de la corriger. Pense-t-il qu'elle ait fait vœu de devenir une femme parfaite ? Mais monsieur Vierge aime pardessus tout la perfection.

Madame Lion finira par trouver un peu froide l'atmosphère régnant autour de monsieur Vierge. Monsieur Vierge trouvera fatigante cette habitude de madame Lion de toujours faire des étincelles. Il faudra que madame Lion fasse des concessions dans le sens d'une plus grande simplicité si elle veut conserver près d'elle son compagnon, car il risque d'aller chercher une autre sorte de bonheur près d'une femme plus calme.

Pour que ce mariage devienne heureux, il faut que madame Lion accepte délibérément d'apprécier monsieur Vierge et qu'elle décide de lui apprendre à jouir de la vie. Elle sera d'ailleurs malgré elle un stimulant et il comprendra enfin qu'elle n'a pas tout à fait tort de prendre tout de suite de la vie ce qu'elle a de plus agréable.

Monsieur Vierge adoucira madame Lion et elle lui apprendra à se distraire au milieu d'une agréable société, au lieu de ne penser qu'au travail. Chaque chose en son temps.

Monsieur Lion devant madame Vierge

Le signe zodiacal de la Vierge se situe, pour le Lion, dans celle de ses maisons qui concerne l'argent et les problèmes financiers.

Dans leurs rapports, il semble que les questions d'argent soient souvent, en effet, mises au premier plan. Madame Vierge tentera d'aider monsieur Lion qui refusera ce concours...

Cette influence s'étend en principe sur tous les biens, sur tout ce qui a de la valeur.

Il existe entre Lion et Vierge une certaine attirance et la présence d'une Vierge aux côtés d'un Lion sera comme une assurance de bonne gestion. Il existe également entre eux certaines difficultés provoquées par le voisinage de Mercure avec le Soleil. Unis, ces deux êtres auront des idées très brillantes, mais peut-être tout va-t-il se consumer.

Monsieur Lion a toujours tendance à briller et c'est une forte dose de patience qu'il devra posséder pour supporter les contrôles économiques de sa femme. Il faut qu'il y parvienne car cela sera bénéfique pour sa situation et même pour sa santé. Bien que le Lion étonne la Vierge et provoque son admiration, elle ne pourra pas s'empêcher de tenter de le réformer et de le conduire à l'esprit de précision et de minutie qui est le sien. Si le Lion éprouve un assez grand amour pour supporter cela, il sera le premier à s'en féliciter.

Madame Lion devant monsieur Balance

Dès qu'elle fera la connaissance de monsieur Balance madame Lion saura qu'elle entre dans une aventure, ne fût-elle qu'un flirt sans suite, qui lui laissera un souvenir charmant. Si l'aventure se poursuit et se conclut par un mariage, il se peut qu'un jour vienne où madame Lion réfléchisse un tout petit peu et s'aperçoive avec étonnement des très grands écarts entre elle et son mari.

Que madame Lion sache avant de s'engager que monsieur Balance déteste les scènes à un tel point qu'il fera toujours de très grandes concessions pour les éviter. Elle n'est pas du même avis et, certaines fois, il lui arrive de penser qu'une explication franche, d'où une certaine violence peut n'être pas exclue, est très utile pour clarifier une situation. Elle sait qu'elle va le contrarier en cédant à ce désir d'orage bienfaisant et pourtant elle ne résistera pas.

Ce qui irrite un peu madame Lion, c'est que monsieur Balance trouve toujours que tout le monde est

---

Coco Chanel.

beau et que tout le monde est gentil. Madame Lion n'est pas de cet avis. Il lui faut beaucoup de mérite pour admirer telle ou telle personne. Cependant, madame Lion tient ses promesses, tandis que monsieur Balance fait beaucoup de peine à une foule de gens en oubliant innocemment ce qu'il leur avait promis.

L'un et l'autre trouveront un terrain d'entente dans leur amour partagé des voyages et de tout ce qui est nouveau. Ils apprécient un peu de sport pas trop fatigant et les réunions mondaines.

Tous deux aiment les belles choses et le confort. Madame Lion s'attendra de la part de monsieur Balance à des efforts suivis en vue d'embellir leur maison et d'en accroître le confort; mais monsieur Balance est trop indolent pour y parvenir. Quand il s'agira de prendre une décision, monsieur Balance saura à la perfection peser le pour et le contre et envisager tous les retentissements des diverses solutions possibles; mais il en restera là et c'est madame Lion qui devra faire acte de volonté.

La sexualité sera un autre terrain d'entente. Monsieur Balance sera en mesure de faire des démonstrations éblouissantes, passant avec facilité du badinage à l'élan passionné.

Sans doute, madame Lion deviendra-t-elle l'élément fort du couple alors que son époux en sera l'élément de charme; mais il saura si bien montrer à quel point il est fier de sa « lionne », il saura si bien la mettre en valeur que cet exploit sera porté à son crédit et que les éloges qu'il décerne avec éloquence se retourneront en sa faveur comme si c'était lui qui les avait mérités au lieu d'être celui qui les décerne.

Quoi qu'il en soit, on ne peut pas être malheureux près de monsieur Balance.

Monsieur Lion devant madame Balance

Une union entre monsieur Lion et madame Balance manquera peut-être de solidité. Il existe pourtant une certaine compatibilité entre ces deux êtres, mais c'est l'attitude de monsieur Lion devant l'amour qui risque de provoquer des déceptions. Il faut que monsieur Lion cesse d'aimer l'amour pour lui-même et qu'il veuille bien reporter ses sentiments sur l'objet de cet amour. Car une femme Balance est une sensitive. Comme le mimosa, elle replie ses feuilles si on l'approche avec brusquerie.

Monsieur Lion et madame Balance ne s'ennuieront jamais ensemble, car ils auront de longues conversations, étant tous les deux intelligents, cultivés et prolixes. Il faut pourtant que l'un et l'autre veillent à ne pas exagérer les paradoxes et les pointes de taquinerie réciproque. Il arrive un moment où un point mystérieux et variable est dépassé et où l'interlocuteur se sent blessé profondément. C'est ce moment qu'il faut à tout prix éviter. Si c'est le Lion qui se sent blessé, il rugira un peu et tout rentrera dans l'ordre ; mais si c'est la Balance, elle ne dira rien et la joie se retirera de ses traits sans que monsieur Lion sache d'où vient cet assombrissement soudain.

La Balance étant bienveillante avec tout le monde, la jalousie va s'installer dans le cœur de monsieur Lion. Le bonheur et la durée de leur union sont entre ses mains : il doit, volontairement, être libéral.

Madame Lion devant monsieur Scorpion

Cette union n'est pas de tout repos. Il y aura des jours de parfaite félicité dans une totale communion et madame Lion n'aura plus de mots pour exprimer son étonnement heureux. Et puis arriveront d'autres jours où elle découvrira certainement pour la première fois de sa vie ce que c'est que la solitude, une grave et longue solitude où « un seul être vous manque et tout est dépeuplé », car son Scorpion est parfois capable de dissimulation. La communication qui était parfaite cesse brusquement et madame Lion se retrouve seule en présence d'un étranger... ou en son absence.

Monsieur Scorpion est un être entier qui, par le mariage, désire s'unir étroitement à madame Lion sur le plan physique et sur le plan concret. Il veut se charger notamment de toutes les décisions et se considérer comme le maître de la maison. Or, madame Lion n'aime pas trop que l'on commande en sa présence et encore moins qu'on la commande elle-même.

Madame Lion, dans le mariage, cherche d'abord l'union des sens et l'union des cœurs; mais, dans l'union des cœurs, elle préfère être aimée qu'accorder son amour. C'est ainsi qu'elle a été habituée : on l'a toujours entourée d'admiration et d'amour.

Monsieur Scorpion désire sans cesse savoir ce qui se passe dans la pensée, dans le cœur, dans l'âme de sa compagne. Et elle n'aime pas cela. Une femme Lion tient beaucoup à conserver intégralement son indépendance; si on tente de pénétrer le fond de sa pensée, elle a l'impression qu'un envahisseur veut troubler sa paix et occuper un territoire secret. Comme elle est très loyale, il n'y a aucun motif à de telles investigations. Le Scorpion pense que c'est une preuve d'amour...

Le Scorpion, qui prouve son amour en pénétrant dans l'âme de son épouse, n'aime pas, de son côté, que l'on tente de fracturer sa conscience. Il garde ses secrets. Voilà qui n'arrange pas trop un ménage. Il a déterminé avec précision et une fois pour toutes les questions dont on peut discuter et celles dont il ne veut pas parler. Il ne se rend pas compte du degré d'irritation auquel une telle attitude peut porter sa partenaire.

L'explication de sa conduite réside peut-être dans

Apollon et les Muses, *par Gustave Moreau, 1868.*
(musée Gustave Moreau).

la jalousie de monsieur Scorpion. Etant jaloux, il craint constamment de perdre sa Lionne. C'est de là que viendront mille et une disputes apparemment causées par de minuscules incidents. Une fois que vous avez compris cela, madame Lion, vous avez une clef pour traduire les états d'âme de votre époux.

Néanmoins, un bon Scorpion travaillera beaucoup pour sa femme et ses enfants et c'est un mari sur lequel même une Lionne peut prendre appui.

Monsieur Lion devant madame Scorpion

Le signe du Scorpion est gouverné par la planète Pluton, le signe du Lion par le Soleil. Il en résulte, dès la première rencontre, une vive attraction sexuelle. Dans l'horoscope de monsieur Lion, le Scorpion affecte la Maison relative au foyer, aux projets de longue haleine, à l'autorité des parents. Monsieur Lion trouvera d'abord que madame Scorpion prend trop d'importance dans sa vie, et puis il finira par se sentir très heureux de l'épouser.

Cela n'ira pas sans quelques discussions, mais elles seront positives puisqu'elles aboutiront à des décisions utiles.

Madame Scorpion offre les meilleures conditions pour apporter une aide certaine à son Lion. Elle veillera à ce qu'il travaille ponctuellement, en lui facilitant les nuits réparatrices, les levers sans problèmes et les départs à l'heure. Elle blâmera ses extravagances. Il est évident qu'elle portera peut-être atteinte à son goût de vivre, mais les résultats, bientôt, lui donneront raison : le Lion affirmera sa situation. Et il aime bien cela, au fond.

D'une manière générale, l'union d'un Lion et d'un Scorpion exige de part et d'autre un effort de rapprochement, des concessions importantes, mais dont les effets sont positifs et valables.

Madame Lion devant monsieur Sagittaire

C'est dans un mouvement de surprise que monsieur Sagittaire fera irruption dans la vie de madame Lion. Un Sagittaire surprend toujours son monde. Madame Lion le trouvera au premier abord gai, amusant, aventureux et bien peu jaloux. Elle s'apercevra ensuite que monsieur Sagittaire ne veut rien moins que l'amour tout entier de madame Lion. Là, elle commence à se poser des questions.

Madame Lion souhaite la sécurité; elle veut un mari, certes, mais bien à elle, tout à elle.

Pour monsieur Sagittaire, aimer quelqu'un et appartenir à quelqu'un ne sont pas le moins du monde synonymes. Il a sur cette question un autre point de vue. Il tient à son indépendance.

Madame Lion doit donc dès les premières rencontres déterminer si elle souhaite réellement épouser monsieur Sagittaire. Si la réponse est affirmative, elle doit tout faire pour le garder. Car, même si cela n'apparaît pas au premier abord, ni même après plusieurs entretiens, monsieur Sagittaire est un être qui sait admirablement s'en aller.

Lorsque le mariage sera accompli, madame Lion devra prendre de grandes précautions pour laisser à monsieur Sagittaire l'illusion qu'il est encore un garçon indépendant. C'est à ce prix qu'il pourra supporter le lien conjugal.

Monsieur Sagittaire veut que son existence soit vivante, pleine de dynamisme, variée et colorée. Il souhaite organiser celle de madame Lion à sa guise et sans qu'elle s'en aperçoive. Simplement, elle commencera à être intéressée par ce qui intéresse monsieur Sagittaire et elle s'étonnera un jour de constater qu'elle tient moins qu'autrefois à toujours avoir raison.

Sur le plan sexuel, l'accord sera facile à établir. Monsieur Sagittaire, s'il est ardent, n'est pas compliqué. Il est assez sensible pour sentir et apprécier chaque nuance que madame Lion mettra dans sa manière de faire l'amour. Il dira ce qu'il en pense, que cela plaise ou non à sa femme. Mais, en général, cela lui plaira.

Ce qui risque de troubler un tantinet le ciel conjugal, c'est le succès que monsieur Sagittaire ne cessera d'avoir auprès des femmes; il flirte et il aime cela. Inutile de tenter de le modifier; ni les conseils, ni les scènes, ni les larmes n'auront sur ce trait de son caractère la moindre influence. Cela ne peut que gâcher le temps qu'il passera avec les siens, autant éviter ce surcroît de problèmes et laisser faire.

Il faut que madame Lion se dise une fois pour toutes qu'un Sagittaire est ainsi fait ; il faut le prendre comme il est ou le laisser. Le prendre, c'est mieux.

Monsieur Lion devant madame Sagittaire

Le Soleil du Lion et le Jupiter du Sagittaire créent entre ces deux signes une attirance physique. Monsieur Lion va s'en apercevoir dès qu'il connaîtra sa future femme.

Dès qu'il sera marié monsieur Lion cessera d'être satisfait de lui-même et cherchera constamment à faire mieux. Les deux planètes gouvernant réciproquement leurs signes s'accordent à les rendre optimistes, et comme madame Sagittaire poussera son Lion à l'action, il est bien possible qu'à la suite de cette union monsieur Lion se découvre des dons et des possibilités qu'il ignorait avoir en lui. Cette orientation vers de nouvelles initiatives est une des causes du bonheur de monsieur Lion auprès d'une Sagittaire.

Le couple aura des enfants qui contribueront au bonheur de leur foyer. De plus, les imprévus de madame Sagittaire animeront la vie de monsieur Lion en lui ôtant un peu de ce qu'elle avait jusqu'alors de clinquant et de superficiel.

Mais ces couples connaîtront aussi des problèmes. En particulier, celui du choix d'une résidence. Leur situation sociale permettra de nombreuses possibilités, il ne faut donc pas s'en inquiéter.

Madame Lion devant monsieur Capricorne

Madame Lion aime beaucoup venir en aide aux autres et se contenter d'une poignée de main chaleureuse en retour. Mais comment aborder sur ce plan un Capricorne qui n'admet jamais avoir besoin d'être aidé ? Il faudra donc une très grande subtilité de manœuvre à madame Lion pour rendre service à ce Capricorne qui vient d'attirer son attention.

Madame Lion adore se montrer sous son jour le plus favorable et elle appelle ainsi les jours où elle porte une de ses plus jolies toilettes. Monsieur Capricorne n'attache absolument aucune importance à ces vétilles et les considère comme la source blâmable d'un excès de dépenses. Il aime les joies gratuites que sont les beaux paysages, les couchers de soleil somptueux et les aurores d'une inoubliable fraîcheur. Il accepterait d'y aller à pied, en grignotant son pain sur le bord des fossés; madame Lion préfère les valises de cuir véritable, les avions ou la voiture de grand standing. Chacun ses goûts.

Ce monsieur Capricorne taciturne et immobile sera néanmoins facile à rendre heureux, sinon loquace, car sa Lionne sera affectueuse, gaie, tendre et amoureuse, et on ne voit pas tellement ce qu'il pourrait exiger de plus.

Si, parfois, monsieur Capricorne paraît un peu trop froid et indifférent à madame Lion, qu'elle pense simplement à leurs ébats amoureux. Son mari est un ouragan. Il prend feu pour un mot, pour un sourire, et aussitôt c'est le grand jeu. Parfois, madame Lion apprécierait quelques transitions. Qu'elle le dise. Monsieur Capricorne est assez « moderne » pour trouver normal que l'on s'explique sur les habitudes sexuelles et que l'on se mette d'accord. Il ne voit pas la nécessité de se contrarier dans ce domaine.

Même quand monsieur Capricorne aura pris ses habitudes, quand il aura lassé madame Lion par ses longues heures de mutisme et ses migraines dont elle devra prendre soin, il se souviendra encore de celle qu'elle était le jour de leur première rencontre. Il la verra toujours jeune et pimpante, élégante et attirante, heureuse et flattée de ses avances; même si les maternités, les soucis et les ans ont accompli la lente transformation de tout être vivant.

Au contact de monsieur Capricorne, madame Lion aura perdu un peu de sa fière joie de vivre, de sa force et de son allant; mais il lui aura donné sa loyauté réelle, sa force de mâle et une sécurité à laquelle elle a toujours beaucoup tenu.

Un couple satisfait, en somme.

Monsieur Lion devant madame Capricorne

Dès que monsieur Lion aura décidé de s'unir à madame Capricorne, qu'il ne s'étonne plus de voir surgir sous ses pas des problèmes d'argent. S'il est vrai que Lion et Capricorne ont une attirance réciproque, il est tout aussi vrai que leur accord a des limites. Monsieur Lion trouvera peut-être que madame Capricorne s'intéresse d'un peu trop près à sa situation, à son travail professionnel. Il réussisait assez bien étant seul, mais elle va lui donner une impulsion bénéfique. Son évolution sera plus régulière et ses rémunérations plus importantes.

Il est possible que cela n'enchante pas monsieur

Lion, qui a ses jours d'indolence, mais le résultat ne tardera pas à se manifester : la situation de monsieur Lion ira en s'améliorant nettement. D'abord parce que madame Capricorne trouvera toujours le moyen de faire connaître son époux aux personnes qui peuvent lui être utiles; ensuite parce qu'elle l'aidera et le soutiendra dans la poursuite d'un effort régulier; enfin parce qu'elle saura le discipliner dans son travail. Il n'aimera pas beaucoup cela, mais il avancera beaucoup plus vite dans sa carrière. Les incidents de parcours du style discussion et bouderie seront vite oubliées grâce aux élans enthousiastes et bien agréables des heures réservées à l'amour.

Madame Lion devant monsieur Verseau

Madame Lion devra donner suffisamment d'amour à monsieur Verseau pour l'amener à modifier son comportement habituel et obtenir qu'il accorde les ressources et les dons de son immense cœur aux membres de sa famille plutôt qu'à l'ensemble de l'humanité, comme il a l'habitude de le faire. Mais qu'elle ne l'oublie jamais, ce don généreux fait le charme du Verseau; sa personnalité forme un tout harmonieux et il est préférable de ne pas la bouleverser.

Madame Lion est si charmante qu'elle saura très bien assouplir la logique un peu abstraite de son cher Verseau et obtenir un peu plus de présence. Il faudra que monsieur Verseau consente à redescendre, de temps en temps, de ses hauteurs et regarde ce qui se passe dans sa propre maison.

Madame Lion sait rendre son intérieur presque toujours brillant et plus luxueux que l'on ne s'y attendrait. On rencontrera bientôt un monsieur Verseau plus agréable, plus aimable et même plus apprécié de ses collègues et de ses chefs, car il sera redevenu persque normalement humain.

Madame Lion sera-t-elle heureuse ? Pourquoi non, si son Verseau sait lui dire les mots qu'elle attend de lui et si elle écoute avec plaisir ses déclarations ?

En fait, elle devra s'attacher à partager ses divers sujets d'intérêt et être en mesure de soutenir sa conversation. Elle qui aime se contempler devra faire la moitié du chemin de leur compréhension réciproque. Elle n'aura pas grand-peine à s'intéresser à un mouvement politique, à participer aux activités d'un groupe culturel, étudier la musique ou la philosophie, si c'est ce qui intéresse monsieur Verseau. L'amour réussit de ces tours de force.

Elle se rappellera que c'est cette ardeur qu'il met à vouloir changer le monde qui lui a d'abord plu en lui; elle avait une si grande admiration pour les idées qu'il exprimait. Il faut qu'elle garde en elle cet élan et qu'elle sache le lui faire savoir, même si elle parle plus souvent des vêtements d'école à acheter pour les enfants et des travaux de peinture exigés par l'appartement que des thèses altruistes.

Il faudra que madame Lion évite de rester trop attachée aux traditions et qu'elle laisse un peu d'espace à monsieur Verseau qui a toujours été un grand indépendant. Elle veillera par-dessus tout à ne pas se transformer en une mère poule en pantoufles et peignoir une grande partie de la journée, car ce qu'il aime en elle, c'est son élégance, sa distinction et son intelligence. Si elle ne fait pas de progrès, pis, si elle rétrograde, il serait bien capable, le monstre, de s'en aller un matin chercher des cigarettes et ne plus remettre jamais les pieds à la maison !

Monsieur Lion devant madame Verseau

La planète Uranus gouverne le Verseau, le Soleil

est chez lui dans le signe du Lion. Ces deux planètes apportent un certain accord entre Lion et Verseau.

Lorsque monsieur Lion aura apprécié la culture et l'esprit de madame Verseau et lorsqu'il aura installé ce trésor au cœur de sa maison, une foule de changements vont se succéder dans sa vie qu'il pensait bien équilibrée.

Madame Verseau provoquera en lui une espèce d'excitation intellectuelle capable de le faire avancer beaucoup plus rapidement dans sa carrière. Une émulation surgira entre les époux et, devant la valeur de sa femme, notre Lion devra faire un gros effort.

Dans le cercle de leurs amis et de leurs familles, il apparaîtra bientôt que madame Verseau a la spécialité de capter l'attention de tout le monde par le simple exposé de ses idées personnelles. Ces idées, il faut le dire, sont séduisantes parce qu'elles sont intelligentes et généreuses. Mais elles ne sont pas pratiques. Monsieur Lion, qui a la charge des moyens d'existence de son foyer, se sentira diminué car, dira-t-il, sans lui rien n'irait à la maison, puisque madame Verseau préfère s'occuper des pays en voie de développement, des unions en faveur de la paix ou de la protection des bébés phoques. Il sera envieux, en plus de la jalousie qui lui est naturelle !

Madame Lion devant monsieur Poissons

L'union entre madame Lion et monsieur Poissons réservera des surprises. Madame Lion, lorsqu'elle a fait la connaissance de monsieur Poissons, a pris note de sa propension au rêve et a remarqué qu'il ne manquait pas de sens pratique, mais entrelardé, si l'on peut dire, de quelques illusions nettement étranges. Zélé et précis dans sa carrière professionnelle, monsieur Poissons passe sans transition de l'esprit pratique, efficace et rapide aux élucubrations les plus nébuleuses. S'il a la chance de rencontrer une situation qui lui plaise réellement, rien ne l'arrêtera sur la route du succès. Il organisera sa vie au mieux de ses goûts et de son confort, installera une belle demeure et y placera tendrement la femme de ses rêves.

Il pense qu'une femme Lion, si belle, si élégante, si gracieuse, si aimable, si chaleureuse, est toujours ainsi. Il l'épouse et il contemple, assez surpris, la personne qui se trouve à présent chez lui. Il découvre une femme volontaire, qui organise les relations extérieures du couple et qui décide et tranche de tout sans solliciter son avis. Il arrive que, dans un tel cas, la dernière surprise soit pour madame Lion, qui ne verra plus revenir son Poissons et qui ne saura peut-être jamais pourquoi.

Il est pourtant tellement facile de rendre heureux un Poissons !

En fait, madame Lion et monsieur Poissons sont mentalement très proches par leurs projets quotidiens et par certains rêves fous qu'il font l'un et l'autre. Ils sont également unis par leur bonheur physique sans même qu'ils s'en doutent : cela sera pour eux un lien très puissant.

Madame Lion est assez fine pour comprendre que monsieur Poissons a besoin, chez lui, d'une tranquillité qui ne soit pas ennuyeuse. Il aime la société, mais le style des nombreuses relations de madame Lion ne lui convient pas : ce sont des gens agités et papotants qui le fatiguent.

Il est facile de tenir de telles réunions pendant que monsieur Poissons est absent ou à son travail. Les soirées lui seront réservées, en tête à tête ou en compagnie de quelques amis délicatement sélectionnés.

Monsieur Poissons est le sentiment fait homme. Que madame Lion ne demande rien parce qu'elle est l'épouse qui veille sur le confort de la maison; mais qu'elle demande tout parce qu'elle serait plus heureuse si... parce qu'elle l'aime tant que..., parce que ce sera son bonheur à elle que de le voir accepter de... C'est le langage que comprend parfaitement monsieur Poissons et qu'il ne laisse jamais sans une réponse favorable : il ne peut absolument pas supporter que l'on souffre s'il peut l'empêcher.

Monsieur Lion devant madame Poissons

Madame Poissons est sous un signe gouverné par Neptune; monsieur Lion est sous l'influence du Soleil. Si le Soleil éclaire nettement les choses, il n'en va pas de même de Neptune et monsieur Lion sera d'abord charmé, puis intrigué par le secret qui habite son épouse.

Madame Poissons apportera une attention particulière sur les questions mystérieuses, sur ce qui est caché, et monsieur Lion s'apercevra bientôt que lui-même, qui en était si loin autrefois, maintenant ne s'intéresse plus qu'aux sciences occultes...

Les Poissons, c'est un signe d'Eau; le Lion, un signe de Feu. L'union entre les natifs de ces deux signes est assez risquée; certains auteurs déclarent qu'ils ne peuvent pas s'accorder; n'allons pas si loin, mais disons qu'il faudra un peu plus de concessions de part et d'autre pour réussir ce mariage. Ce sera surtout monsieur Lion qui devra faire des concessions, car madame Poissons mettra beaucoup de bonne volonté à devenir réaliste et précise, mais il n'est pas démontré qu'elle y arrivera. Monsieur Lion admettra son épouse telle qu'elle a su lui plaire, et il ne lui demandera pas de se transformer. Elle pourrait s'enfuir...

Le mois de juillet.
Livre d'heures de la duchesse de Bourgogne, *XVe siècle*
(musée Condé, Chantilly).

Chapitre III

Le Lion devant la vie

Une ère du Lion

Sait-on que la préhistoire de l'humanité, et même, avant l'humanité, de notre globe terrestre, est supposée se diviser en ères, chacune correspondant à la constellation devant laquelle se trouve le point vernal, c'est-à-dire le point où le Soleil se lève sur l'horizon terrestre le matin du 21 mars, à l'équinoxe de printemps ? Ce point qui sert de jalon fixe au milieu de cet ensemble mobile que forme le Cosmos ne reste pas toujours à la même place. Un phénomène en rompt la régularité, que l'on appelle la précession des équinoxes.

L'hypothèse qui a été avancée dit qu'après l'ère du Taureau est venue l'ère du Bélier, puis celle des Poissons; actuellement et depuis 1952, ce serait l'ère du Verseau. Mais autrefois, avant l'ère du Taureau ?

On envisage qu'il y a eu une ère des Gémeaux, une ère du Cancer et... une ère du Lion.

Mais à quoi ressemblait-elle ?

Si j'en crois M. Jacques Sadoul et son livre intitulé *L'Enigme du Zodiaque*, l'ère du Lion, dont le maître astrologique dut être le Soleil, « a pris place sur Terre entre 10000 et 8000 avant Jésus-Christ ».

De ce raisonnement, l'auteur du livre déduit que le Zodiaque a précédé l'être humain, ou au moins un être humain capable de l'inventer, et qu'il a donc fallu qu'il soit « apporté » ou « révélé » par un être pensant extérieur à la Terre.

En fait, cette ère du Lion n'est pas si loin de nous car, dans le sud-ouest de la France, les vestiges de la préhistoire que l'on a retrouvés, et qui sont très célèbres, par exemple les grottes de Lascaux, datent de vingt mille ans avant notre ère.

Néanmoins un culte solaire correspondant à l'ère du Lion a laissé des traces : d'une part en Inde, dans les Veda; d'autre part en Amérique précolombienne, dit J. Sadoul.

L'Égypte et la Mésopotamie pratiquèrent, comme chacun sait, le culte solaire. Et si des peuples terrestres avaient été capables de concevoir la notion de religion, de divinité et de culte – ce qui n'existait pas vingt mille ans avant Jésus-Christ –, ils étaient aussi en mesure de concevoir le Zodiaque.

Nous le savons, le Lion est un signe heureux dans le Zodiaque. Nous avons vu quelles qualités exceptionnelles il donne à ceux qui naissent sous son influence, même s'ils ne sont pas d'un type pur.

Nous avons tenté de définir les chances de bonheur des natifs de ce signe dans le mariage, avec un natif de chacun des autres signes et aussi avec un natif du Lion. Cette étude nous a montré que les natifs du Lion présentaient de solides qualités et de rares défauts, ce qui leur rendait la vie assez facile et heureuse, quel que soit le signe de naissance de leur conjoint.

Lorsque le Lion contemple sa destinée, a-t-il lieu d'en être satisfait ou bien doit-il faire de gros efforts pour parvenir à la réussite, au confort physique et moral qui constitue ce qu'on est convenu d'appeler le bonheur ?

C'est l'objet du présent chapitre.

Pour l'étudier, il faut en tout premier lieu faire une sorte de bilan des potentialités du Lion, c'est-à-dire tenter de définir ce qui fait sa force et ce qui fait sa faiblesse.

La force du Lion

On se plaît à envier les qualités des natifs du signe

du Lion. Peut-on définir en quoi réside sa force ?

La force du Lion est constituée de trois éléments : activité, émotivité, secondarité.

Considérons d'abord son activité.

Étant d'un tempérament bilieux, il réagit énergiquement aux sollicitations, ce qui veut dire, en langage de tous les jours, que chaque fois que se présente une tâche concrète à réaliser, il s'y attache rapidement et parvient rapidement à son terme. Il en va de même pour les travaux intellectuels, purement abstraits ou théoriques. Il ne va pas très loin dans les problèmes abstraits, mais il s'y applique avec énergie jusqu'à obtention d'un bon résultat. Son dynamisme est certain et il dispose d'un tonus vital élevé.

A partir de l'instant où il pense « je veux », tout s'exprime par « je pense », car il appartient aux forts et, pour lui, vouloir c'est pouvoir. Il lance dans la lutte contre l'obstacle toutes ses forces, qui sont grandes.

Un lion, c'est un ensemble de muscles très puissants ; un natif du Lion, c'est un peu cela aussi. Il attaque toujours de face, car la franchise est une de ses qualités essentielles.

Fou de la vie et du désir de vivre le mieux possible, le natif du Lion déborde de besoins, de désirs, d'efforts, d'aspirations, toutes sensations qui se traduisent par une volonté tendue en vue d'un résultat. Non une utopie, non un château en Espagne, mais bien réellement, bien logiquement, un vrai résultat.

Avec un pareil état d'esprit, on ne s'étonne pas de ce que le natif du Lion ait une vie en général assez agitée. Il n'hésite pas devant les déplacements, il est capable de courir le monde, de changer de métier, tout en se donnant chaque fois intégralement à l'effort présent. Cela réussit ? Tant mieux ! Cela ne réussit pas ? Changeons notre « fusil d'épaule ».

La troisième force du natif du Lion est ce que les psychologues appellent la secondarité.

Au cours de l'étude des divers signes, j'ai eu l'occasion de définir les psychologies primaire (le Bélier, par exemple) et secondaire (le Taureau en est le type) dont la dénomination n'a aucun rapport avec le degré d'instruction du sujet. Chez le primaire, la réaction qui suit une perception sensorielle est instantanée; chez un secondaire, elle n'est pas immédiate, le sujet prenant quelques fractions de seconde de réflexion avant de réagir à une sollicitation. Le Lion a une psychologie secondaire; il réfléchit avant d'agir. Les personnalités primaires ont une impression brève et l'oublient; elles agissent parfois selon cette impression et cessent ensuite de prendre ce souvenir en considération. Le primaire agit sur le moment; il est un spontané. L'acte achevé, il passe à une autre impression. Il vit au présent.

Une personnalité secondaire reçoit une impression et ne manifeste rien durant une ou deux secondes, puis elle se souvient, analyse, réfléchit et, enfin, décide de son action. L'action achevée, la personnalité secondaire se souvient : elle a une excellente mémoire. Cela entraîne habituellement une relative lenteur des réflexes. Chez le Lion, il n'en est pas ainsi, à cause de cette énorme réserve de forces et de vitalité qui le caractérise. Il a donc la chance de bénéficier des avantages de la secondarité et de ceux de la primarité, puisqu'il est rapide.

Les faiblesses du Lion

Un natif du Lion, quels que soient les résultats de ses activités, sent pertinemment qu'il agit avec une force particulière. Il ne peut pas l'ignorer. Il sent qu'il possède le moyen de dominer ses contemporains; il y parvient ou non, mais il sait qu'il pourrait le faire, et c'est, pense-t-il, une force; cependant, cette assurance peut devenir une arme retournée contre lui par les dispositions d'esprit qu'elle fait naître.

Le point auquel, dans le déroulement de sa carrière, il atteint est – cela se comprend – fonction du point d'où il est parti. S'il est de très modeste origine, il peut parvenir à une très haute situation, mais les difficultés sont plus grandes que s'il part déjà d'un niveau élevé dans la société. En partant d'une très modeste origine, le natif du Lion peut réussir très brillamment sans parvenir aussi haut qu'un être beaucoup plus faible que lui, plus passif, plus lent, mais favorisé par sa naissance ou avec une fortune familiale.

Pour le natif du Lion, l'échec est toujours une faute, quelle qu'en soit la cause. Il ne se trouve jamais de circonstances atténuantes. Il n'admet pas de perdre la partie et c'est tout.

N'admettant pas l'échec, il travaille énormément. Cela pourrait être une force; mais, en retour, il sait parfaitement qu'il a une certaine valeur et cela est une faiblesse. Il se dit, en effet, que rien ne peut l'arrêter, sinon la durée limitée d'une vie humaine. Si on lui en laisse le temps, il peut monter aussi haut qu'il l'aura décidé; un Lion est essentiellement un ambitieux. Mais cela est aussi une faiblesse.

En effet, ne rejetant aucun effort, il n'a malheureusement que trop tendance à dépasser ses forces physiques. En ce sens bien précis et nettement délimité, l'entourage d'un natif du Lion devrait blâmer cette ambition, la freiner. Il semble préférable de vivre longtemps tel que l'on est que mourir prématurément dans une position plus élevée. Sans doute, les natifs du Lion qui liront ces lignes protesteront-ils, mais ceux qui les aiment m'approuveront.

Le natif du Lion ne deviendra raisonnable qu'après l'infarctus.

Travailler jusqu'à tomber malade est une sérieuse faiblesse.

Une autre de ses faiblesses est de considérer que sa personne est aussi précieuse, unique et admirable que sa planète qui est le Soleil.

Il ne peut pas s'empêcher de mettre sa marque sur tout ce qu'il touche. A tous les niveaux de la société et de la fortune, il trouve une occasion de manifester son orgueil. Un Lion de situation modeste n'hésitera pas à arborer la moindre décoration qu'il a reçue.

Le Lion fortuné adore s'installer à grands frais une somptueuse demeure pour y recevoir ses amis et les traiter royalement. S'il a vraiment réussi une très brillante carrière, on trouvera chez lui cet excès de vanité qui refuse tout luxe sur soi et se plaît à évoluer dans de riches décors, à inviter ses amis à des festins de rêve tout en ne portant que des vêtements très simples et en se contentant d'un régime très frugal. Ce Lion-là est assez répandu pour que chacun de nous en découvre au moins un exemplaire dans son entourage.

L'orgueil, cette grande faiblesse du Lion, peut revêtir des formes encore plus théâtrales. S'il est célèbre et qu'on le reconnaisse dans la rue, on verra naître sur ses lèvres un sourire tellement heureux qu'on aura de la joie pour lui jusqu'au moment où l'on se dira qu'il existe des enfantillages bien curieux.

Un Lion au travail

Dès qu'il a été mis devant la nécessité de choisir une carrière, le Lion a su qu'il ne devait pas se tromper et que, s'il attendait beaucoup de la vie, il devait payer très cher ses exigences.

Un Lion cherchera volontiers une profession active appelant une communication étroite et directe avec un grand nombre de personnes, éventuellement avec un public.

S'il a l'audace de choisir une carrière libérale, il se verra devant l'obligation de frayer sa route à travers les embûches des clients à rechercher, des contrats à renouveler, des marchés à prospecter. Il réussira très bien et sera très vite un des plus connus dans sa spécialité.

S'il choisit une carrière commerciale ou administrative, il saura très vite comment on chemine lentement et sûrement dans les enchevêtrements des classes, des grades, des postes, des primes de choix. Il deviendra rapidement un « cadre ».

S'il doit se résigner à une profession modeste et sans éclat à cause des difficultés provenant de son origine familiale, d'un manque de moyens financiers de ses parents, de préoccupations absorbant ses forces et le retenant au foyer, il s'efforcera de monter quand même les échelons et ne sera jamais celui qui se contente de ce qu'il a.

Bien que le Lion soit prêt à de remarquables efforts et bien qu'il ait généralement des capacités professionnelles certaines, il aura davantage de chances de réussir s'il choisit des activités en rapport avec la Maison V qui est celle qui le favorise. Ce sont curieusement les distractions et les loisirs, nous l'avons dit, mais aujourd'hui ces secteurs d'activité prennent de l'importance. On peut y faire carrière beaucoup plus facilement qu'il y a cinquante ans seulement. Animateur de camps de vacances, ou d'hôtel de séjour pour personnes inoccupées, ou encore organisateur dans le tourisme, ou encore à la direction de mainte entreprise à but « culturel », avec conférences, cours, expositions, ou même employé subalterne dans un de ces postes, avec devant soi la perspective d'un avancement qui ne manquera pas de se réaliser, ces occupations ouvrent un avenir favorable au Lion. Tous les métiers le mettant en contact avec le public lui seront faciles et il y réussira.

Il est évident que, selon les dispositions des planètes à sa naissance et aux instants cruciaux de sa vie professionnelle, il avancera plus ou moins rapidement. Qu'importe, s'il se sent à l'aise dans son travail et en mesure de donner satisfaction à ceux qui sont au-dessus de lui ! L'avancement finit toujours par se faire.

Le revers d'une médaille déjà copieusement dorée est le suivant : s'il ne parvient pas à sortir d'un rang modeste ou d'un emploi sans éclat et à rémunération réduite, le Lion devient véritablement un déclassé : c'est un cas assez typique des effets d'une fatalité à laquelle il ne peut pas porter remède. Il devient un être frustré et n'accepte pas de rester dans un rang ennuyeux autant que modeste. Son caractère ne s'y prête pas, ses attitudes sont en discordance avec sa position et, si les choses sont réellement pénibles, il peut devenir un révolté. Il n'accepte pas le déroulement de sa vie et il peut fort bien chercher de regrettables dérivatifs pour oublier.

Peut-il réussir sur le plan financier ?

Est-ce que le natif du Lion deviendra riche ? On a compris en lisant ces pages que ce point de vue l'intéressait grandement. Non seulement dans notre civilisation occidentale il est difficile de se passer d'argent, non seulement un Lion aime ce qui brille, mais son ambition contient en elle-même une aspiration à une réussite qui sous-entend la fortune.

Le Lion, par son signe de naissance, est un des êtres les mieux doués pour se procurer d'abondantes ressources. Il est rare qu'il n'arrive pas à s'organiser une existence matérielle aisée et confortable.

Une objection, toutefois.

Outre que le Lion gagne assez d'argent pour s'offrir une vie large à force de travail, de présence, d'autorité, bref, par ses mérites personnels, il a une forte tendance à dépenser largement. On devine le résultat. Ses finances connaissent des flux et des reflux qui ne sont pas faits pour le maintenir dans la sérénité. Il est généreux, il sait offrir et s'en acquitte largement. Sa famille ne manque de rien; il sait donner l'argent nécessaire au confort et au bonheur d'un foyer. Mais il ne sait pas refuser d'aider les gens, de donner à ses amis, de prêter à des personnes qu'il connaît à peine, mais dont il apprend qu'elles ont besoin d'argent pour créer quelque chose. Et, à la fin, il se trouve devant la nécessité de faire des heures supplémentaires pour boucher les trous de son budget.

En fait, le Lion est toujours dans une bonne situation financière, mais il n'a presque pas le temps d'en profiter. C'est le type du chef de famille qui rentre tard pendant que ses invités se gavent de mets coûteux à sa table; qui charge un ami de confiance d'accompagner sa femme aux spectacles de choix pour lesquels il a pris lui-même des places mais que son travail l'empêche d'aller voir, et qui rentre tard pour s'en aller dormir rapidement après avoir avalé précipitamment un verre de lait. Qu'importe ? Il se sent pleinement un Lion !

Peut-il réussir en politique ?

Le Lion, en fait, possède les atouts que demande une carrière politique. Il a l'ambition que cela exige, la générosité et la présence, les moyens intellectuels et psychologiques de parvenir à ce qu'il souhaite. Il possède sur les foules l'emprise nécessaire et cela dans un style qui n'a rien d'obscur, de tortueux, d'anormal, d'hypnotisant. Il étale sa force et son éclat, il s'exprime et on le croit.

Il manque de souplesse et de diplomatie, mais il fait partie des forts et il ne s'engage pas facilement dans le dédale trop fréquent des accords « mi-figue mi-raisin » qui se concluent dans les milieux politiques. Il va son chemin, il fraie sa route et traverse cette jungle à la force du poignet, c'est-à-dire, en fait, par la persuasion qui émane de ses propos et par son rayonnement personnel.

Ce manque de ruse, cette absence de méfiance, ajoutés à une grande générosité naturelle, sont peut-être un obstacle à sa réussite en politique; mais s'il parvient à dominer les ombres, à faire rayonner son soleil dans les recoins les plus reculés de ce milieu un peu particulier, il peut réussir très brillamment.

S'il paie le prix – et il le fera –, c'est-à-dire s'il fournit l'immense effort qu'exige la lutte politique dans de telles conditions, il peut réussir et, s'il réussit, rien ne devrait arrêter son ascension !

Variantes selon le jour de la naissance

Le destin du natif du Lion est variable en considération du jour exact de la naissance. Nous allons donc voir quelles sont les nuances qui proviennent de ce détail.

Il faut d'abord examiner le destin possible des natifs des dates limites, puis les natifs de chacun des trois décans du signe, enfin ce que nous appellerons les degrés, c'est-à-dire les différences d'un jour à l'autre.

Les natifs des dates limites

Si l'anniversaire est entre le 23 et le 25 juillet

Vous êtes né Lion avec des tendances appartenant au Cancer.

Vos planètes directrices sont le Soleil et la Lune. Vous êtes donc méthodique et pratique. Vous avez de l'ambition et les capacités nécessaires pour la satisfaire. Vous avez de l'originalité, de l'intelligence et beaucoup d'équilibre.

Vous n'êtes pas entêté et vous êtes capable de vous passionner pour des choses très diverses. Vous vous amusez à des occupations qui ennuieraient tout autre que vous.

Vous devez surveiller votre santé en ce qui concerne l'estomac et l'intestin.

Vous aimez beaucoup vos amis et vous êtes heureux de les avoir; sur le plan du travail, vous vous sentez en mesure d'exécuter correctement tout ce qu'on peut vous demander.

L'influence de la Lune favorise cependant en vous le rêve et un furieux désir d'évasion; une évasion toute théorique et pas le moins du monde matérielle car le Cancer vous influence et vous attache fortement à votre pays natal, à l'ambiance de votre enfance, à un passé très aimé et auquel vous tenez encore énormément.

Si l'anniversaire est entre le 19 et le 22 août

Vous êtes né sous le signe du Lion avec des tendances Vierge. Vos planètes sont le Soleil et Mercure. Vous êtes donc particulièrement précis et minutieux, faisant attention à tout et surtout aux détails.

La présence de Mercure et son influence ajoutent à vos élans une grande facilité de communication et vous serez, entre les Lion, le plus favorisé en politique.

Vous avez des dispositions artistiques, vous priserez fort la musique si vous avez eu la possibilité de la connaître et peut-être de la pratiquer.

Vous êtes d'apparence agréable; vous avez un jugement excellent et demeurez à un niveau élevé, dans la mesure où vos origines ne vous ont pas brimé.

Vous donnez volontiers des conseils et ceux-ci sont bons, mais vous n'êtes pas toujours en mesure de résoudre vos propres problèmes. Vous pouvez vous trouver très malheureux et souvent avoir besoin d'un ami pour vous aider à vivre. Cela parce que vous pratiquez une certaine introspection qui ne donne pas toujours des résultats favorables : vous vous sentez souvent sur le point de tomber malade...

Mais votre détermination reprend bien vite le dessus et vous revenez à la lutte. Énergique, vous possédez, au contraire, une endurance exceptionnelle et vous êtes plus capable d'efforts et d'efficacité que la plupart des gens.

Les natifs des décans

Chaque signe du Zodiaque dure trente jours. Au cours d'une telle durée, le ciel se modifie et se modifie aussi la résonance du signe solaire sur ses natifs. Pour scinder et sérier les dates, on considère d'abord les trois décans du signe, c'est-à-dire trois périodes de dix jours.

Si vous êtes né entre le 23 et le 31 juillet

Vous êtes gouverné par le Soleil. Cela stimule beaucoup vos activités mentales et physiques. Ce double aspect du Soleil dans votre horoscope est un des plus bénéfiques du Zodiaque.

Il vous donne un grand amour du changement et un désir de réforme. Vous faites également preuve d'une nature noble et enthousiaste, avec la capacité de diriger les autres.

Si vous êtes né entre le 1er et le 10 août

Votre planète personnelle est Jupiter. On sait que c'est une planète royale et le symbole de la fortune. Elle influence les tendances intellectuelles, morales et sympathiques. Elle donne une noble nature, qui agit toujours honorablement. Jupiter institue un entourage harmonieux de dévouement et de bonheur. Il aide grandement à réagir contre les éléments négatifs d'une destinée.

Si vous êtes né entre le 11 et le 22 août

Votre planète personnelle est Mars, connue comme le symbole et le centre de l'énergie divine.

Mars apporte toujours une nette agressivité, un élément combatif, parfois belliqueux ou violent.

Chez un Lion, il accentue les tendances énergiques, courageuses et constructives. Mars vous aidera matériellement à dominer certains éléments négatifs du Lion. Sans son aide, il vous serait plus difficile de réaliser plusieurs de vos plus chères ambitions. C'est une combinaison très heureuse.

Les degrés du Lion

Ici, nous abordons une différenciation plus détaillée du secteur zodiacal. Sur trente jours, ou trente degrés parcourus par le Soleil dans le signe, l'influence du ciel ne demeure pas identique. Certains détails peuvent se manifester.

Voici ce que l'on peut observer, selon le jour de votre naissance.

23 juillet. Ambition, force, quelque brusquerie, esprit d'indépendance et capacité d'atteindre les buts recherchés sans l'aide d'autrui.

Evitez les décisions hâtives en affaires.

Vous pouvez rencontrer le succès et des bénéfices inattendus par l'intermédiaire de vos supérieurs.

Vous possédez du bon sens, de l'autorité.

24 juillet. Les natifs de ce degré possèdent une

personnalité magnétique, affectueuse, aimant les arts, la beauté sous toutes ses formes, le raffinement, les éléments esthétiques de l'existence.

Un aspect de cet horoscope indique une tendance au laisser-aller qui ne doit pas être encouragée.

Vous aimez qu'on vous flatte, mais vous risquez alors d'être déçu devant la réalité.

C'est dans une carrière artistique que vous aurez le plus de chance.

25 juillet. Les natifs de ce jour ont en général une nature entreprenante et de valeur; ils disposent de certains atouts, comme la facilité d'expression, l'habileté, une énergie commandant le respect et l'obéissance de l'entourage.

Attention : un aspect de cet horoscope indique un danger par un faux ami. Ce peut être une femme si le natif est un homme. Un homme si le natif est une femme.

26 juillet. Le natif de ce jour sera honnête, intègre, sincère, volontaire, sensible et tenté par l'introspection.

Il aura des passades maussades, irritantes, susceptibles, où il restera réservé.

Si vous êtes né ce jour, vous êtes capable d'effectuer des recherches intelligentes et d'un niveau élevé.

27 juillet. Le natif de ce jour sera généreux, courtois, obligeant, hospitalier. Ses parents et ses amis seront toujours disposés à l'aider.

Il a devant lui des potentialités remarquables et pourrait réussir à s'élever au sommet du succès. Ce sommet sera, comme de juste, en proportion avec, à la fois, le point de départ et les moyens mis en œuvre pour arriver.

Le sexe opposé est irrésistiblement attiré vers vous.

28 juillet. Si vous êtes venu au monde ce jour-là, vous devez avoir une imagination hardie, vivante, fine, belle, et un esprit délié.

Vous êtes affectueux et, d'autre part, violemment

passionné. Vous réussirez dans une carrière musicale ou littéraire. Cela veut dire que vous devez y tenter votre chance car, partout ailleurs, vous aurez davantage de difficultés et vous risquez de vous ennuyer. Dans les carrières indiquées, vous avez les plus grandes chances d'atteindre la célébrité et la fortune, si vous savez en profiter, naturellement.

29 juillet. Le natif de ce degré est généralement très libéral, magnanime, avec d'excellentes facultés mentales, des idées originales qui pourraient avoir un grand développement, mais qu'en général il gâche par des décisions trop hâtives.

Un aspect de cet horoscope indique la célébrité dans la médecine ou la philosophie.

30 juillet. Le natif de ce degré est sûr de lui, très intuitif et dispose d'une aptitude exceptionnelle pour le commerce.

Il aime également le mystère et les discussions verbales.

Il est très affectueux envers sa famille et, en revanche, reste indifférent aux sentiments des tiers.

31 juillet. Ce degré apporte à ses natifs des vues larges, de grandes sympathies, mais malheureusement des expériences décevantes. Il faut que le sujet sache réagir.

En fait, natifs de ce jour, vous vous fiez plus volontiers à votre intuition qu'à votre bon sens.

Un des aspects de cet horoscope indique des difficultés avec sa propre famille qui risquent de faire passer le sujet pour un excentrique.

1er août. Les natifs de ce degré se feront remarquer par leur bon cœur et leur timidité, ainsi qu'une grande sensibilité. Ils auront une grande aptitude au commerce et ils y gagneront de l'argent.

Si tel est votre cas, attendez-vous à ce que la plupart de vos ennuis deviennent bénéfiques.

Vous avez des chances de faire un héritage intéressant.

Un conseil : modérez votre extravagance.

2 août. Si vous êtes né à ce degré du Lion, vous devez avoir un esprit optimiste, philosophique, avec un tempérament vif réagissant avec éclat et que vous aurez à dominer.

Un aspect de cet horoscope conseille d'être méfiant : on y lit une déception par suite d'une confiance mal placée.

3 août. Personnalité énergique et courageuse. Vous êtes un vrai Lion. Mais, avec votre caractère un peu vif et entêté, vous aurez tendance à vous faire remarquer en public. On vous conseille un peu de réserve, contrainte dont vous tirerez les meilleurs résultats.

4 août. Vos qualités, qui sont grandes et intéressantes, sont génées par votre caractère toujours plein d'appréhension. Cela est assez exceptionnel chez un Lion.

Votre intérêt est auprès des personnes âgées. Vous acquerrez une meilleure situation grâce à un héritage.

Vous manifestez parfois un sentiment de votre supériorité qui irrite vos amis et vos relations et qui risque de vous faire des ennemis. Tentez donc de vous contrôler.

5 août. Les natifs de ce degré ont un grand amour des arts et de la culture intellectuelle et artistique en général.

Si vous êtes de ce degré, vous avez intérêt à éviter de voyager sur mer car vous y serez en danger.

Doué pour les sciences et la philosophie, vous avez les qualités qu'il faut pour faire un bon professeur.

La solitude n'est pas votre risque : vous êtes séduisant aux yeux du sexe opposé.

6 août. Les natifs de ce degré sont capables de grandes entreprises; ils ont pour cela l'envergure nécessaire. Ce sera parfait s'ils arrivent à maîtriser leur excès d'impétuosité.

Il savent choisir leurs amis.

7 août. L'intelligence, chez les natifs de ce degré,

Virna Lisi.

est bonne, et ils font preuve d'un grand appétit de culture intellectuelle.

Ils ont une personnalité généreuse et des instincts humanitaires.

Ils peuvent réussir parfaitement dans la littérature ou les beaux-arts.

8 août. Les natifs de ce degré font preuve d'une forte personnalité, avec un caractère volontaire et sympathique.

Le risque, pour eux, c'est le surmenage intellectuel, qu'ils devront éviter car il n'est pas un vain mot dans leur cas et pourrait provoquer de graves désordres.

9 août. Si vous êtes né dans ce degré vous avez une nature aimable, un caractère fort et sincère, et des talents d'amuseur.

Vous aurez de l'argent. Vos gains seront réalisés par des parents âgés, qui vous aideront ou dont vous hériterez; mais aussi par des contacts sociaux et aussi par des propriétés foncières.

10 août. Votre personnalité est originale, hardie, vivante, forte, résolue.

Vous disposez d'une grande facilité d'expression, verbale et écrite.

Votre mépris des conventions, avec votre désir de faire prévaloir vos avis, est par trop évident et pourrait vous nuire; c'est sur ce point que vous devrez veiller.

11 août. Les natifs de ce degré passent pour être dogmatiques, confiants, déterminés. Ils ont un tempérament passionné mais obstiné et têtu qui rendra leur existence agitée. Ils risquent de subir des pertes provoquées par des amis douteux.

12 août. Les natifs de ce degré sont fiers, austères, réservés, facilement offensés; ils manquent de tolérance.

L'horoscope indique une tendance à ne voir que le clinquant de la vie.

13 août. Si vous êtes nés dans ce degré, vous devez avoir une nature généreuse et extravagante. Votre inconséquence vous conduira à faire bien des expériences. Mais vous serez toujours aidé par le sexe opposé à qui vous plaisez et qui vous sera dévoué.

Vous serez toujours capable de gagner de l'argent.

14 août. Esprit industrieux et doué pour le commerce, vous devrez éviter de devenir dogmatique, ce qui ennuie les autres, et égocentrique, ce qui ne plait à personne. Vous devrez veiller à ne pas vous laisser dominer par ces traits, ce serait dommage.

Bien que votre signe soit attiré par l'argent, vous n'en gagnerez pas beaucoup et serez tenté d'en dépenser davantage. C'est sur ce plan d'abord qu'il faudra vous contrôler.

15 août. Les natifs de ce degré font généralement preuve de dons prophétiques. Ce sont des créateurs de plans; ils sont destinés à une existence originale et amusante, avec des aventures sentimentales. Attention : risque d'accident.

16 août. Vous avez, si vous êtes né dans ce degré, un esprit original, avec des capacités artistiques pouvant vous conduire à un très beau succès. Mais vous êtes contrariant et méticuleux.

Vous aurez probablement des déceptions qui seront causées par des erreurs que vous commettrez, spécialement dans le choix de vos amis.

17 août. Votre esprit est clair et intuitif, vous avez une forte volonté et un caractère vif.

Vous vous intéressez à l'art et à la littérature.

Il faut que vous corrigiez une tendance au sarcasme qui, chez vous, risque de fâcher certaines gens.

18 août. Les natifs de ce décan ont l'esprit aventureux, avec le désir de voyager. Ils aiment la compagnie de leurs semblables et font de bons organisateurs; ils sont toujours prêts à assumer des responsabilités.

Ils arriveront au succès par des méthodes très pratiques.

19 août. Si vous êtes né dans ce degré du Lion, vous avez une personnalité entreprenante, amusante, avec des aptitudes pour les finances; vous réussirez probablement dans le commerce.

20 août. Les natifs de ce degré ont l'esprit analytique et humoristique, mais une tendance à la fierté vis-à-vis des gens moins riches qu'eux.

Vous courez le risque, si vous êtes né à cette date, de faire un complexe de martyre.

21 août. Les Lion nés dans ce degré ont une personnalité originale, hardie, avec un caractère dominateur et un grand amour de leur propre indépendance; ils risqueront de perdre ce qu'ils auront gagné à la suite d'une action judiciaire.

22 août. Dispositions impulsives et radicales. Brillant et intuitif. Réussite au service du public.

Le bonheur pour un Lion

Le bonheur paraît au philosophe un état difficile à atteindre, susceptible de mille appréciations, capable de revêtir mille formes et délicat à définir.

Nous n'allons pas faire de la philosophie ici et, si je vous parle du bonheur, j'ai l'intention de le limiter à une interprétation relativement simple : une existence matérielle sans graves problèmes, un entourage compréhensif, un terrain affectif satisfaisant et le tout dans un décor agréable et correspondant à vos désirs.

Quel pourrait être le décor dans lequel un natif du signe du Lion se sentirait bien ? Un cadre qui lui convienne au point de le sentir conçu pour lui seul ?

Comme nous venons de le voir dans ces pages, le natif du Lion est assimilé au Soleil et c'est ainsi qu'il se comprend lui-même.

Il est le Soleil, l'or même; il aime l'éclat, les grands gestes généreux, les foules, la vie profondément sentie et pleinement réalisée.

Le Lion aime l'argent; même s'il en a peu, il appréciera un décor se rapprochant de ce qui se fait de plus grand, de plus noble, de plus luxueux. Un « F 3 » n'est pas le style qui lui convient. Il aimera cent fois mieux l'antique maison aux belles proportions dont il saura, par son goût et son originalité, faire une sorte de palais de rêve, même s'il doit le réaliser à peu de frais. Il a besoin de plafonds hauts, de fenêtres larges et claires, de portes à doubles battants.

Un Lion attachera donc ses efforts à réaliser une telle sorte de décor. S'il le peut, il y ajoutera au second rang le confort, c'est-à-dire la modernisation des installations et du chauffage. Il soignera d'abord les plus belles pièces, qui seront réservées à l'accueil de ses amis qu'il espère toujours plus nombreux et qu'il veut traiter avec magnificence. Il aime ces réunions dans lesquelles il espère briller – sauf, nous l'avons vu, si, inopinément et à son propre étonnement, il ne réussit pas à y assister à cause du travail forcené dont il est capable. Il les souhaite gaies, belles et sans contrainte.

Il installera donc salon, salle à manger et probablement bureau de la meilleure façon qu'il puisse réaliser dans la mesure de ses moyens et peut-être un peu au-dessus de cette mesure. Il faut que ce décor ait grande allure, même s'il doit y sacrifier quelques économies : il n'aime guère économiser. Il est lion, non écureuil.

Il rejette les bibelots inutiles, car ils rompent le style et la ligne d'un décor et rendent l'atmosphère étroite et contraignante. Il leur préfère les surfaces lisses que l'on rend brillantes et qui reflètent les rayons de son maître le Soleil. Les souvenirs de voyage, les petites photos de famille dans leur cadre intime, ce n'est pas pour lui. Il enferme ce genre de reliques dans un coffret qu'il range loin de son regard.

Pour se sentir heureux chez lui, le Lion doit se plier à ce qui convient à son signe. Il fuira donc les logements étroits, les casernes où l'on entend grouiller la vie, les pièces petites et surtout l'encombrement des meubles, la multiplicité des objets.

Il choisira pour décorer sa maison les couleurs les plus royales : le bleu, l'or, le rose vif. Il remplacera tout élément accessoire prétendu décoratif par une très belle plante; ou, plus radicalement, par une de ces surfaces dont la brillance est déjà une joie pour les yeux.

Il devra éviter l'excès de meubles, surtout des petits. Il choisira plutôt une seule armoire ancienne très imposante de préférence à de multiples placards-rangements.

La haute époque lui plaira, le Louis XIV également, un personnage qui eut mérité d'être le prototype du Lion.

Il choisira des sièges profonds et confortables mais où l'on ne perd pas sa dignité avec les genoux sous le menton; les fauteuils à bonne hauteur, les accoudoirs sans mollesse lui conviennent beaucoup mieux.

Enfin, s'il le peut, il choisira de vivre près de grands arbres, précédés d'une étendue où le soleil puisse s'étaler et montrer sa splendeur.

Dans une telle ambiance, même s'il a dû « se mettre sur la paille » pour la réaliser, il se sentira réellement heureux et cela aidera le vrai bonheur à venir cohabiter avec lui.

Pour vivre en bonne santé

Chez le natif du Lion, les points sensibles sont faciles à définir : le Lion c'est le Soleil et le Soleil est un cœur; le cœur, chez un Lion est l'organe qui travaille le plus et l'organe qui court les plus grands dangers.

Il faut veiller également à la circulation sanguine. Elle est sensibilisée par la sensibilisation du cœur et elle doit être surveillée afin de ne pas créer au cœur des fatigues inutiles : il faudra qu'un spécialiste veille sur l'état de fluidité du sang et la tension artérielle de notre Lion s'il veut vivre vieux et bien.

Accessoirement, on recommande de veiller aussi sur les vertèbres, le dos souffrant souvent plus que le reste du corps du surmenage physique. Les vertèbres dorsales surtout.

Il faut également veiller à l'état de la moelle épinière, qui peut devenir vulnérable, et prêter quelque attention au pancréas : le surmenage, une tension nerveuse excessive et permanente peuvent lui porter ombrage et provoquer un diabète accidentel qui sera ensuite une épreuve délicate à subir.

Pour veiller sur sa santé, le natif du Lion doit connaître les symptômes annonciateurs de ses ennuis pathologiques; ce sont généralement des troubles de la vue, des douleurs dans les membres inférieurs, des douleurs dans la région du cœur et des troubles du rythme cardiaque, éventuellement des fièvres sans raison apparente, des nausées, des somnolences, des pertes de mémoire.

Quand on tente de dresser la liste des maladies dont le Lion est menacé, on s'aperçoit que cette liste est assez longue, mais que sa ligne générale concerne la circulation sanguine (affections coronariennes, artériosclérose, artérite, anévrisme, thrombose, myocardite et péricardite, etc.).

Si le sujet veut réellement éviter ces accidents le plus possible et se maintenir en forme, il peut adopter une ligne de conduite en conséquence : se dépenser physiquement sans compter, mais, à partir de trente-cinq ans, ne pas participer à des compétitions, sauf si l'on a réellement pratiqué le sport avec une grande régularité. N'importe quel sport se pratiquant en plein air convient au Lion. Non seulememt il lui convient, mais il devient indispensable si le sujet a un emploi sédentaire.

Pour améliorer la circulation sanguine, il doit prendre très tôt la bonne habitude de la douche écossaise, c'est-à-dire alterner l'eau chaude et l'eau froide.

Je lui conseille également de prendre deux fois par mois un grand bain chaud préventif, à la racine de jonc odorant. La recette est simple : faire tremper 300 grammes de jonc odorant (en herboristerie) dans 3 litres d'eau froide pendant deux heures. Au bout de ce temps, faire bouillir ce mélange pendant deux minutes et l'ajouter ensuite à l'eau du bain. Prendre le bain et, au sortir de ce traitement, s'allonger immédiatement pour au moins une heure.

Un spécialiste de la médecine vertébrale ou un bon chiropracteur pourra veiller au bon état de la colonne et éviter ainsi les éventuels « blocages » qui pourraient être la source de troubles complexes.

Le bonheur pour l'enfant Lion

Si votre enfant est né sous le signe du Lion, savez-vous comment il faudra le traiter pour que sa prime enfance et les années où il prend contact avec notre Univers soient bonnes, agréables, faciles pour vous et pour lui, et pour que sa croissance prenne un bon départ ?

Leur personnalité se caractérise par la force, la constance et l'orgueil triomphant. Nés sous un signe de Feu, ils sont très dynamiques mais ont une conscience très précoce de leur valeur.

Le Lion est un signe des plus favorisés; vous n'aurez pas de préoccupations en ce qui concerne la réussite de votre enfant. Mais, pendant ses premières années, souvenez-vous des caractéristiques des natifs de ce signe.

L'enfant Lion est conscient de sa valeur et toujours disposé à « payer de sa personne », ce que n'apprécie pas la maman ! Mais comme le Lion est généreux et fidèle, comme il comprend vite ce que pensent les autres, vous pourrez lui expliquer qu'il ne doit pas exposer sa vie, qui vous est chère.

Son jour faste étant le dimanche, vous aurez intérêt à choisir ce jour pour faire avec lui des visites au cours desquelles vous voulez qu'il produise une bonne impression. C'est aussi le dimanche que vous prendrez les décisions importantes le concernant.

Ses nombres favorables sont le 1 et le 11.

Comment utiliser cette information ?

A tout propos. Par exemple, donnez-lui son bain à 11 heures. Emmenez-le en promenade à 1 heure, etc. Et ces deux nombres étant impairs, si vous décorez sa chambre, tenez-en compte dans le nombre des motifs, par exemple.

Ses animaux symboliques sont le lion, c'est évident, mais aussi l'aigle, le coq et le faucon. Des animaux en peluche sont toujours bienvenus : le lion en peluche sera son premier et plus cher jouet. Quant aux autres, leur image peut orner sa chambre.

En ce qui concerne les plantes, disons tout de suite que sa plante favorable est d'abord le laurier, car le laurier est consacré à Apollon, et Apollon c'est le Soleil. Ce laurier a malheureusement une sève vénéneuse, aussi ne donnerez-vous pas un laurier à votre enfant : au moins tant qu'il sera dans l'âge où l'on porte tout à sa bouche. Mais le laurier pourra figurer dans la décoration de ce qui lui appartient.

Son métal est, vous vous en doutez, l'or. Rien de plus facile que de lui passer au cou une chaîne en or, d'y suspendre une médaille d'or, etc.

Son parfum le plus favorable c'est la lavande pour une petite fille et l'origan pour un petit garçon. Achevez leur toilette en les parfumant, ils en seront plus heureux.

Votre enfant sera avide et réclamera tout ce qu'il sait avoir été fabriqué pour de petits enfants, bref, les beaux jouets; mais il ne les gardera pas longtemps s'il ne joue pas seul : il aura tendance à les donner à ceux qui les lui demanderont parce que la générosité est la première qualité du Lion.

Ainsi aurez-vous mis de son côté les éléments les plus nettement favorables à son destin et ce sera peut-être une des raisons de plus pour que ce jeune Lion ait plus tard la chance qui convient à ce signe royal.

L'écriture du Lion

L'observation de l'écriture d'une personne que vous connaissez encore mal peut vous aider à définir partiellement sa personnalité. Elle vous indique souvent sous quel signe est né le scripteur; mais, pour ne pas commettre d'erreur, il faut une grande habitude de la graphologie.

Voici déjà un point de départ intéressant : quelle est l'écriture du Lion ?

Ce sont généralement des caractères plus hauts que larges, parce que le scripteur ne se laisse pas aller : le laisser-aller, dans l'écriture, se traduit par des caractères exagérément élargis, tandis que la volonté et le dynamisme se traduisent par des caractères serrés, mais se développant en hauteur.

Le Lion écrit haut et serré; mais comme il est plus orgueilleux que vaniteux, et plus fort que violent, son écriture est haute sans excès, et serrée modérément.

Les *n* et les *m* sont arrondis en bas comme des *u*. C'est la marque graphologique de la générosité. Arquer dans le sens normal, c'est-à-dire la convexité de la courbe tournée vers le haut, exprime un rassemblement, un resserrement des choses, une mise à l'abri. Or le Lion ne met pas ses biens à l'abri : il les prête, il les donne. Aussi écrit-il avec la concavité des courbes ouvertes vers le haut, en signe de libération de tout ce qui peut s'enlever, être emporté !

Un Lion est toujours valeureux; ce qu'il a encore plus certainement, c'est la connaissance profonde de sa valeur. Cela lui donne de la fierté et aussi de l'orgueil.

Son écriture traduit ces caractéristiques dans la hauteur des lettres, la netteté de leur tracé, dans la simplicité des lignes bien droites et dans un ensemble sans fioritures.

La signature est également typique. Elle présente les caractères généraux de l'écriture, mais elle se situe assez loin de la dernière ligne du texte et elle est simple, sans aucun ornement, sauf, éventuellement, un trait pour souligner.

ORIGINE DES ILLUSTRATIONS

Bibliothèque nationale : 2, 50, 64, 66, 81, 96, 112, 130 – Bibliothèque des Arts décoratifs / Jean-Loup Charmet : 13, 20, 47 – Bulloz : 92, 114, 153 – Jean-Loup Charmet : 72, 91, 111 – Giraudon : 8, 31, 32, 37, 42, 45, 136, 164 – Roger-Viollet : 77, 149 – Archives Snark : 49, 143.
Atlas Photo/Dragesco : 82 – Gamma/ Bonnotte : 180 / Francolon : 129 / Uzan : 128 – Rapho/Nadine : 16 / Pavlovsky : 6 – H. Bordas : 191.

Achevé d' imprimer
sur les Presses de la
Société LITOPRINT, S. A.
à Fuenlabrada (Madrid)
le 30 septembre 1988

Dépôt légal 1.er trimestre 1984

N° d'éditeur : 605